AMÉRICA LATINA

una historia breve

AMÉRICA LATINA

una historia breve

EL SALVADOR

SILVIA DUTRÉNIT

Primera edición, 1988

Distribuido en forma exclusiva por
Editorial Patria, S. A. de C. V.
San Lorenzo 160
Col. Esther Zuno de Echeverría
Población San Nicolás Tolentino
Delegación Iztapalapa
09860 México, D. F.

© 1988, Instituto de Investigaciones
Dr. José María Luis Mora
Plaza Valentín Gómez Farías 12
San Juan
03730 México, D.F.

© 1988, Alianza Editorial Mexicana, S. A.
Canoa 521-6, Tizapán
01090 México, D.F.

ISBN 968-6173-03-X

Impreso en México
Printed in Mexico

Contenido

7

Presentación

Hoy, casi al finalizar el siglo XX y a ciento y tantos años de la primera independencia política latinoamericana y caribeña, los pueblos de América Latina y el Caribe conocen escasamente la historia de aquellos que los rodean geográficamente. Esta historia importa no sólo como conocimiento en sí sino que, como también encierra identidades y problemas seculares, se vuelve fuente inagotable de experiencias útiles para la práctica social.

En el convulsionado curso de este siglo que concluye, la otrora división entre países de origen indígena —con milenaria historia— y aquellos que por su peculiar proceso precolombino y colonial resultaron ajenos al conjunto del subcontinente —como ha sido el caso del Río de la Plata— devino en una identificación de lo latinoamericano, acompañado de un mancomunado esfuerzo por resolver tantos problemas similares.

De ahí que en el presente no resulte ajeno oír hablar de América Latina a cualquier habitante que se sitúe dentro de los límites comprendidos por Tierra de Fuego y el río Bravo —hasta se debería incluir el sur de los Estados Unidos de América—. Sin embargo, este conocimiento sólo recoge temas que en este momento se vuelven trascendentes para el futuro inmediato. Todos ellos están encadenados y son parte de una situación histórica común, así se mencionan: dependencia, subdesarrollo, deuda externa, intervencionismo norteamericano y guerra. Pero se desconoce el pasado

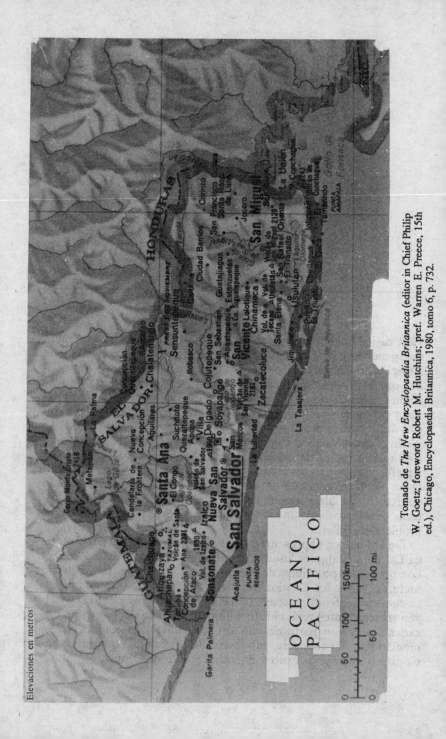

Elevaciones en metros

OCEANO PACIFICO

Tomado de *The New Encyclopaedia Britannica* (editor in Chief Philip W. Goetz; foreword Robert M. Hutchins; pref. Warren E. Preece, 15th ed.), Chicago, Encyclopaedia Britannica, 1980, tomo 6, p. 732.

común que encierra otros tantos problemas vividos por el conjunto de los países.

La convicción de que es necesario trasmitir dichos problemas y experiencias que hacen el devenir latinoamericano y caribeño, condujo al Instituto de Investigaciones Dr. José María Luis Mora a crear un proyecto de investigación encargado de cumplir con la divulgación de la historia de América Latina y el Caribe en los siglos XIX y XX. Los investigadores de este proyecto han venido realizando una labor de rescate de las historias nacionales para recrear cada caso en su individualidad y buscar desde lo nacional los puntos de correspondencia con el conjunto.

El objetivo es uno: realizar estudios capaces de ser útiles a un público no especializado, al hombre que simplemente quiere llegar a conocer ese pasado. Para ello, en una primera etapa, se llevó a cabo la elaboración de antologías y síntesis históricas del siglo XIX. Con lo cual, una vez cumplido el trabajo sobre el siglo fundacional de gran parte de los Estados latinoamericanos y caribeños, se abordará el siglo XX.

Centroamérica está presente en este proyecto. Resultó una de las primeras regiones a investigar. Su elección no fue arbitraria: vecindad geográfica y lazos milenarios la unen a México. En la actualidad la crítica situación que se vive en la franja ístmica ha llevado a México a realizar grandes esfuerzos para contribuir a solucionar la interminable guerra que la baña de sangre.

Cabe una precisión. Al hablar de Centroamérica durante el siglo XIX y más aun en la Colonia, es decir, históricamente, no es viable incluir a Panamá. El devenir panameño ha estado ligado al del resto de los países de la subregión. Fue a partir de la constitución como Estado, cuando nacía el siglo XX, que el acontecer de Panamá se entroncó con el del conjunto centroamericano. Por lo tanto, la categoría región no incluye a este país y todas las referencias ignoran a ese territorio. Así, Belice se considera mientras fue parte de Guatemala, y a patir de la segunda mitad del siglo XIX se desliga de la categoría mencionada.

Dos antologías históricas anteceden a esta síntesis. La primera cubre el desarrollo histórico ístmico desde fines de la Colonia hasta la ruptura del pacto federal; en ella se recoge el acontecer regional y al mismo tiempo el de cada futuro Estado. Es imposible para esa etapa obviar el desarrollo general de Centroamérica. La historia de cada área está entretejida con la regional, lo que llevó a una obra común. La otra antología atiende al desarrollo histórico individual. Rotos los vínculos federales, los Estados encaminaron sus esfuerzos para consolidar las estructuras nacionales. De esta forma Guatemala, Honduras, Nicaragua, Costa Rica y El Salvador tienen su propio trabajo antológico.

Para El Salvador en particular el límite histórico del siglo XIX es 1890. La idea de cubrir el siglo de la independencia comprende límites estructurales y no cronológicos. Esta razón obliga, por un lado, a fijar en el transcurso del siglo XVIII el inicio de las transformaciones decimonónicas. Pero por otro, la estructura económica y social heredada de la Colonia no se modificó radicalmente sino hasta las reformas liberales de fines del XIX. La independencia sólo produjo un cambio político. Son estas reformas liberales las que resultarían subversivas para la secular estructura salvadoreña y los cambios por ellas provocados fueron tan raigales que sentaron las bases del devenir posterior del Estado. Fue a partir de la última década del siglo XIX cuando El Salvador se configuró como país capitalista dependiente.

La síntesis que ahora se presenta asume el objetivo de divulgar una historia nacional. Para su elaboración se utilizaron un conjunto de trabajos bibliohemerográficos que en su generalidad constituyen fuentes secundarias. Una variedad de interpretaciones, dentro de una producción historiográfica no muy abundante, ha sido la fuente de información. Buena parte de los textos se encuentran en bibliotecas públicas o privadas de la ciudad de México y otras tantas pertenecen a la Universidad de Tulane y a algunas radicadas en Centroamérica. No hubo trabajo de archivo en El Salvador. No fue posible consultar los documentos en aquellos centros que los cobijan. Por considerarse un trabajo de divulgación fue prescindible tan enriquecedora tarea y sólo se consultaron aquellos documentos que, bajo diversas formas, han sido recogidos en diferentes libros. Asimismo, por la naturaleza de la obra no se integraron notas textuales ni aclaratorias, es decir, aparato crítico. Se pretendió dar una mayor fluidez a la lectura y en aquellos casos en que la información o interpretación corresponden a un autor específico se anotó su nombre.

La periodización de este recorrido histórico retoma la idea anteriormente mencionada de una estructura colonial que se prolonga durante la etapa independiente, por lo que se reseñan los rasgos de la sociedad colonial hasta el momento de su ruptura, en que aparecieron las características de la contemporaneidad.

Se trata de una síntesis. La palabra en sí misma encierra el sentido restringido del trabajo. Su estructura pretende ofrecer un rápido recorrido, a través de una historia entendida como global, al mismo tiempo que rescata, en cada momento, aquellos fenómenos más significativos para el devenir secular. Dicha organización responde a un orden político cronológico. Una lógica capitular con apartados y subapartados esboza, siguiendo aquel orden, primero el acontecer regional y después el desarrollo nacional. Al mismo tiempo, se ha dicho, se recuperan especialmente los rasgos que se entienden como más característicos de la historia salvadoreña. Por tal consideración se pone énfasis en la economía agraria y en la génesis y consolidación de la monoproducción y la consecuente monoexportación; así también en la conformación de una sociedad agrícola, altamente jerarquizada y a la vez ladinizada que con el tiempo se tornaría racialmente uniforme —lo que no quiere de ninguna manera decir igualitaria—, lo mismo en cuanto a la relación de la administración colonial, cuyo centro funcionó en Guatemala, con El Salvador, que se constituyó en la cuna del poder contestatario y que era al unísono productor de añil, principal cultivo de exportación regional hasta el último cuarto del siglo XIX. El Salvador no recibió durante la Colonia los beneficios resultantes de ser el principal productor.

Estas y otras causas favorecieron el despertar subversivo contra el orden imperante y la aparición de figuras reivindicadoras del liberalismo dieciochesco. Así, resultó bastión de las ideas liberales y por eso, acaecida la independencia, defendió el proyecto federal aunque el ocaso de la república centroamericana ya fuera evidente. Sin embargo, la postura contestataria fue acompañada de una historia de luchas indígenas y campesinas que reivindicaban el derecho a la tierra y demandaban el cese de la opresión que, una vez emancipados, ejercían los gobiernos tanto conservadores como liberales.

El sistema de tenencia de la tierra que durante la Colonia comprendió a las tierras comunales, ejidales, realengas y la propiedad privada —cuyo exponente fue la hacienda— varió paulatinamente a medida que la privatización restaba parcelas a indígenas y campesinos. A pesar de ello, éstos mantuvieron una buena parte del territorio hasta finales del

13

siglo xix. Pero la historia recoge actos de rapiña y usurpación, primero lentos y luego violentos. Los mismos fueron secularmente acompañados de levantamientos sociales en protesta por los despojos. El Salvador reúne las luchas sociales más agudas de toda la región. Esta característica se vio reforzada cuando las reformas liberales posibilitaron el desarrollo de la estructura idónea para la agroexportación cafetalera en beneficio de un reducido grupo en ascenso: la oligarquía cafetalera. Al mismo tiempo, ella expropió tierras a los comuneros y ejidatarios volviéndolos fuerza de trabajo libre y desposeída.

De alguna manera estos son los temas a los que se prestó mayor atención y son los que hacen posible el acercamiento a los aspectos más relevantes del devenir decimonónico de este pequeño país. También integran el libro una presentación del paisaje, así como de las principales riquezas naturales y una breve descripción de sus habitantes. Todo ello da lugar al primer capítulo. Mientras que en el epílogo se recuperan, a partir de los aspectos característicos del desarrollo histórico, los cambios que hacen factible la conformación del nuevo Estado.

Un conjunto de mapas ilustran gráficamente partes del relato y un anexo integrado por una cronología comparada El Salvador-México sirve para ubicar rápidamente los hechos más relevantes de ambos países en idénticos momentos históricos. Al final se integra una bibliografía que servirá al lector interesado en profundizar en el conocimiento del siglo xix salvadoreño, la cual, en parte, apoyó este trabajo.

Por último, resta agradecer a quienes hicieron posible desde diferentes ámbitos la culminación de este libro. Un especial reconocimiento se le debe a Mario Salazar Valiente que dedicó su tiempo a leer y comentar el borrador. También se agradece a Federico Martínez Delamain que con tanta paciencia ayudó a corregirlo así como a Guadalupe Rodríguez de Ita que trabajó en la versión final de la cronología y en la revisión de los originales. Por supuesto el contenido es de exclusiva responsabilidad de la autora.

México, D. F., mayo de 1988.

14

CAPÍTULO I

El territorio y su gente

Localizado en América Central, franja angosta de tierra que une las partes sur y norte del continente, el territorio salvadoreño limita al norte con Honduras, al oeste y noroeste con Guatemala, al este con Nicaragua —teniendo como frontera natural al golfo de Fonseca que pertenece a los dos países y también a Honduras— y al sur, con el océano Pacífico que cubre la única costa del país.

Cuenta con alrededor de 21 000 km² de los 419 000 km² que tiene la región. Durante mucho tiempo no existió ningún acuerdo en relación a la magnitud exacta de la superficie porque no estaba dilucidada la delimitación de la frontera con Honduras. Sin embargo, una u otra medición no cambiaría el resultado: se trata del país más pequeño del continente. De ahí su denominación muy difundida como el "Pulgarcito de América". La longitud de su territorio oscila entre 175 y 300 km y la latitud entre 75 y 110 km.

El área salvadoreña se encuentra en una zona tropical, entre los paralelos 13° 24' y 14° 24' norte y los meridianos 87° 39' y 90° 8' oeste de Greenwich. En general el clima es cálido, pero también se encuentran zonas templadas debido a la variedad de alturas que se dan en tan reducido espacio. Las zonas bajas y costeras son las más calurosas, su temperatura media pasa los 30°C y las zonas con mayores elevaciones, sobre todo las volcánicas, mantienen un promedio de 12° C. Las estaciones no están totalmente diferenciadas; las épocas de llu-

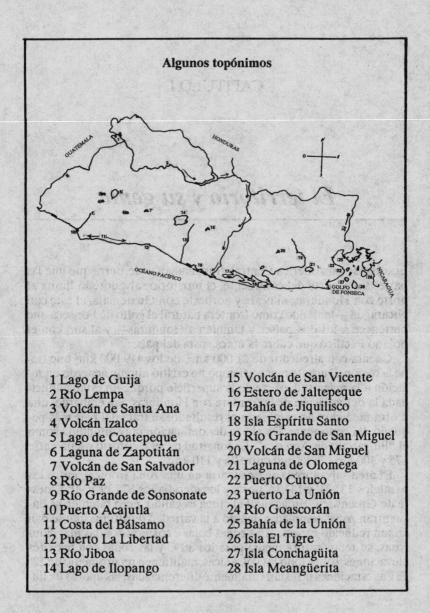

Algunos topónimos

1 Lago de Guija
2 Río Lempa
3 Volcán de Santa Ana
4 Volcán Izalco
5 Lago de Coatepeque
6 Laguna de Zapotitán
7 Volcán de San Salvador
8 Río Paz
9 Río Grande de Sonsonate
10 Puerto Acajutla
11 Costa del Bálsamo
12 Puerto La Libertad
13 Río Jiboa
14 Lago de Ilopango

15 Volcán de San Vicente
16 Estero de Jaltepeque
17 Bahía de Jiquilisco
18 Isla Espíritu Santo
19 Río Grande de San Miguel
20 Volcán de San Miguel
21 Laguna de Olomega
22 Puerto Cutuco
23 Puerto La Unión
24 Río Goascorán
25 Bahía de la Unión
26 Isla El Tigre
27 Isla Conchagüita
28 Isla Meangüerita

via y sequía contribuyen a delimitarlas tanto para la vida cotidiana como para la actividad agrícola. Así, las estaciones son dos: invierno, de mayo a octubre, y verano, de noviembre a abril. La primera cubre la temporada de lluvia y la segunda la de sequía.

Siguiendo una trayectoria oeste-este, la región centroamericana está atravesada por dos sistemas gigantescos de cordilleras y montañas que se derivan del andino. El eje orográfico salvadoreño es la cadena costera regional que corre paralela al océano Pacífico, ésta recorta la llanura litoral y está separada del mar por distancias que van de 24 a 32 km. Al norte, las estribaciones de la cordillera regional interior dan lugar a una zona montañosa. Contrasta con ella la meseta central cuya altura varía entre 200 y 1 000 metros y que conforma el resto del territorio. El panorama de esta mayor porción del país está compuesto por montañas, volcanes y planicies de tierras altas. Las depresiones del Lempa, principal río, y las de otros de menor caudal, como el Jiboa, seccionan la meseta y, aunadas a las ramificaciones de la cordillera, posibilitan la existencia de valles. En éstos se concentra la población y la actividad agrícola.

Destacan en el paisaje las sierras y los volcanes. Los últimos son muy numerosos y estuvieron durante siglos en actividad. Su principal exponente es el Izalco, llamado también Faro de América Central; antiguamente los navegantes lo denominaron Faro del Pacífico, dado el espectáculo ofrecido en las noches por las infinitas luces que se desprendían de su cráter. Esta imagen, que puede compararse con la producida por juegos pirotécnicos, ha sido descrita por algunos viajeros que visitaron el país, quienes afirmaban que no habían encontrado otro volcán que ofreciera un espectáculo tan maravilloso. En los relatos también se hace referencia a la belleza diurna, porque era durante el día cuando columnas de humo blanco y negro eran expulsadas de su cráter y en la cima se veía la figura de un enorme plumaje. Asimismo las explosiones continuas se podían oír, de día o de noche, tanto en Guatemala como en el golfo de Fonseca. La altura del Izalco excede los 2 300 metros sobre el nivel del mar, nació en 1740 y permaneció en actividad hasta mediados de este siglo. Le siguen en importancia otros cuya elevación promedia los 2 200 metros, como el Santa Ana, el San Miguel, el San Vicente y el San Salvador, y existen unos cuantos más de alrededor de 1 000 metros. Cabe agregar que es la cordillera costera la que contiene la mayoría de esos conos.

17

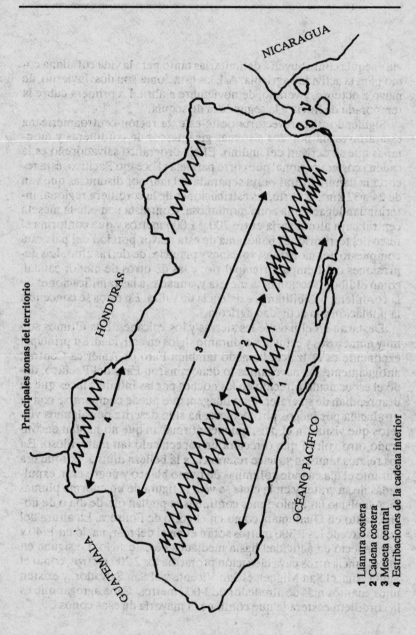

Principales zonas del territorio

NICARAGUA

HONDURAS

GUATEMALA

OCÉANO PACÍFICO

1 Llanura costera
2 Cadena costera
3 Meseta central
4 Estribaciones de la cadena interior

A la naturaleza ya apuntada de la orografía se suma un suelo sensible a los movimientos sísmicos. El Salvador, al igual que los restantes países centroamericanos, se localiza sobre una larga falla de la corteza terrestre. Esta característica le ha significado la frecuente vivencia de esos movimientos. Los efectos sentidos de modo constante y trágico tienen su mejor ejemplo en San Salvador, la capital, fundada en 1525 por el capitán Pedro de Alvarado la que, a lo largo de su historia, ha padecido los temblores y sus consecuencias; en más de una oportunidad hubo que reconstruirla. Sin embargo, con excepción del primer traslado, siempre se ha levantado en el mismo lugar: el "valle de las hamacas", esta designación, otorgada por los indígenas, alude a las continuas fluctuaciones telúricas, que han sido tantas que si se cuentan desde el siglo xvi hasta el presente (los años extremos son 1575 y 1965) hubo doce terremotos en la capital. De ahí que en 1960 una comisión internacional de vulcanólogos y sismólogos dictaminara acerca de la necesidad de que la población abandonara el lugar.

El sistema fluvial del Lempa, río que se origina en Guatemala detrás de la iglesia de Esquipulas —centro mundial de peregrinación católica— y desemboca en el estero de Jaltepeque, cuenta con numerosos tributarios y constituye el eje hidrográfico salvadoreño. En su recorrido, el Lempa conforma un trecho de la frontera con Honduras antes de doblar en dirección al océano Pacífico y está formado por un conjunto de trescientos y tantos ríos de curso regular entre los que destacan: el Paz, el Goascorán, el Jiboa y los ríos Grandes de San Miguel y Sonsonate, y una misma cantidad de afluentes que transitan por el quebrado suelo. Esta peculiaridad hace casi imposible la navegación por el curso de los ríos, cortos y torrentosos, excepto por pequeñas embarcaciones. Por cierto, no hay en Centroamérica ríos navegables, excepto el San Juan en la frontera entre Nicaragua y Costa Rica. Como es obvio, esta riqueza natural genera una potencial reserva hidroeléctrica. John Baily, quien recorrió el país durante la primera mitad del siglo pasado, narró sobre la riqueza de las aguas termales, que en muchos casos tenían propiedades medicinales: cerca de Ahuachapán se encuentran los manantiales llamados Ausoles. También comentó acerca de los Infiernillos, vecinos a San Salvador. En uno u otro se apreciaba el desprendimiento de columnas de vapor blanco y burbujas en la superficie. El viajero admiraba el cambio de color por negro, rojo u ocre, de aquella masa caliente.

Otro elemento típico de la hidrografía local son los lagos y lagunas que ofrecen una gran belleza y brindan recreación a los pobladores. Entre los lagos que más destacan figuran el Ilopango, cercano a la capital y a 400 metros sobre el nivel del mar, el Coatepeque, vecino de la ciudad de Santa Ana y el Guija, que se extiende también en suelo guatemalteco. Algunos son resultado de la actividad volcánica, otros sobresalen como centros de cadenas montañosas. Las lagunas también forman un conjunto importante; figuran entre otras las de Olomega, Zapotitán, Jocotal y Alegría.

La frontera sur, única que colinda con el mar, tiene en sus extremos la bahía de la Unión, al este, y la desembocadura del río Paz, al oeste. En la reducida costa pacífica las sinuosidades del recorrido forman el golfo de Fonseca, el estero de Jaltepeque y la bahía de Jiquilisco. Sobre todo en el golfo algunas islas prolongan el suelo continental: Conchagüita, Meanguera, El Tigre y Espíritu Santo, esta última en la bahía de Jiquilisco. Hay cuatro puertos establecidos en el Pacífico: Acajutla, La Libertad, La Unión y Cutuco, los tres primeros fundados hace más de un siglo. Entre La Libertad y Acajutla se ubica "la costa del bálsamo" en la que crecía el bálsamo del Perú.

Una pingüe vegetación cubre todo el territorio. En los tiempos de la colonización asombró a los visitantes la feracidad del suelo, revelada por el profuso crecimiento de plantas silvestres. Las distintas épocas y las cambiantes coyunturas internacionales fueron modificando el principal cultivo, y al mismo tiempo el monocultivo se consolidó progresivamente, vislumbrado ya en el siglo XVII. Esta modalidad productiva desarrolló y generó la economía monoexportadora. En los siglos de la Colonia se cultivaba principalmente cacao, algodón, bálsamo y, más tarde, añil o jiquilite. El tinte se convirtió en el producto por excelencia que vincularía primero a la provincia de San Salvador y luego al Estado independiente con el exterior. Alrededor de 1840 comienza la preocupación por diversificar los cultivos: aparece el café que, al principio de manera paulatina y después, a partir de 1880, tempestuosamente, relegará al añil. Desde entonces la economía salvadoreña depende del cultivo de ese grano. El maíz y el trigo, bases de la alimentación local, nunca han dejado de cosecharse; de igual forma nunca han desaparecido la caña de azúcar ni el henequén.

La fauna es considerable, a pesar de que con los siglos muchas especies se han extinguido; también es grande el número y diversidad de peces que abundan en los múltiples ríos y lagos, así como en las bahías y bocanas.

El territorio fue asiento de diversos grupos étnicos que convivían a la llegada de los españoles. Los más antiguos habitantes pertenecían a la etnia maya-quiché, después descendieron, de lo que hoy es México, pipiles y cholutecas, portadores de la cultura náhuatl. El grupo pipil fue el más relevante; se le atribuye a los mexicanos, acompañantes de los colonizadores, dicha denominación, que significa niño en lengua náhuatl y se fundamentó en la percepción de una voz finita e infantil entre los miembros de aquel grupo. Los pipiles y los lencas, de origen maya, ocupaban, según Rodolfo Barón Castro, la mayor parte del área y el número de habitantes se aproximaba a 120 000 a la llegada de los españoles.

La población originaria sufrió con la colonización un proceso de franco mestizaje que dio, para los primeros años del siglo XIX, el porcentaje más reducido de indígenas de todo el reino de Guatemala, sin considerar a Costa Rica, donde la cantidad de nativos era nimia. Ya en 1807, año en que el corregidor intendente Antonio Gutiérrez y Ulloa informa a las autoridades de la Corona, a partir de un censo de toda la intendencia, se contaron en la población alrededor de 54% de mestizos, un poco menos de 43% de indígenas y apenas 18% de blancos. La población negra, y todas sus mezclas, representaba una porción insignificante respecto al total. Del mismo escrito se extrae que la cantidad de habitantes ascendía a 165 278. Esta cifra en 1855 estaba más que duplicada y en los albores del siglo XIX se aproximaba al millón de residentes en toda la región.

El mestizaje constituye el eje demográfico tanto en las ciudades como en el campo. Esta primacía, cierta desde hace más de dos siglos, se conformó a lo largo de la Colonia. El fenómeno se tornó más complejo cuando la amalgama de razas superó el tradicional binomio español-indio, lo que ocurrió con el arribo de los negros esclavos que, como se dijo, en términos relativos fue muy pequeño, pero permitió nuevos tipos de cruzamiento.

Durante el siglo XIX la sociedad se fue volviendo más y más mestiza a medida que aumentaba el número de habitantes. Este incremento determinó que El Salvador fuera la zona centroamericana con ma-

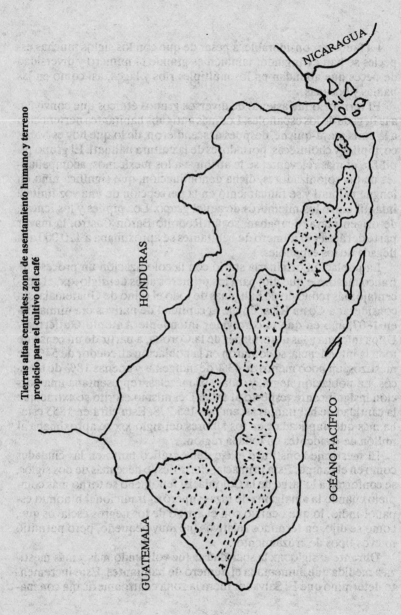

Tierras altas centrales: zona de asentamiento humano y terreno propicio para el cultivo del café

NICARAGUA

HONDURAS

GUATEMALA

OCÉANO PACÍFICO

yor densidad poblacional por km^2 y con un lugar de primer orden respecto al resto del continente. El estudio de Rodolfo Barón Castro sitúa la densidad en 118 habitantes por km^2 para el año 1821.

Con la finalización del siglo el mestizaje se consolidó de manera definitiva una vez que las reformas liberales se aplicaron en su totalidad. El cambio en la propiedad de la tierra tuvo entre sus consecuencias el despojo de sus terruños a los campesinos y posibilitó que los otrora pueblos indígenas —que fueron los más afectados— abandonaran sus costumbres y, en una búsqueda por la sobrevivencia, se integraran a la ya mestiza sociedad. En ese entonces había un 75% mestizo, un 20% indígena y un 5% blanco.

CAPÍTULO II

El Salvador colonial

EL ENCUENTRO DE DOS MUNDOS

La franja territorial en que se asienta hoy Centroamérica encerraba en aquella época un mosaico de pequeñas confederaciones tribales, carentes de un poder central, fragmentado política y administrativamente, a lo que contribuyó la adversidad geográfica: un suelo por demás quebrado, acompañado de otros fenómenos naturales poco propicios para la intercomunicación posibilitaron a principios de la Colonia la fragmentación político administrativa del conjunto regional. A esta realidad favoreció el desinterés español por la unidad del istmo. Algunos autores han llegado a hablar de la balcanización de Centroamérica, comparándola así con la antigua Grecia.

Para los colonizadores la fuente de toda riqueza eran los metales preciosos y las zonas del Nuevo Mundo valían en la medida en que los poseían. Sin embargo, aunque casi no contaba con metales preciosos, la región se percibió como un sitio estratégico, pues era un magnífico lugar de tránsito entre una y otra parte del Nuevo Mundo. Este valor geopolítico se ha ido robusteciendo con el correr de los siglos y aquella percepción inicial resultó un gran acierto. Sin embargo, no se desaprovecharon otras riquezas naturales: la tierra y sus hombres.

Desde entonces el interés por la posición geográfica de la franja ístmica fue tal que otros imperios disputaron su posesión. Inglaterra

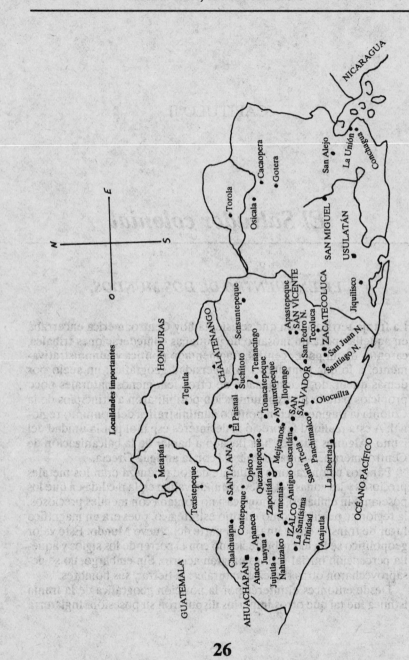

incursionó desde el mar Caribe a todo lo largo de la costa, afectando a los actuales territorios nicaragüense, hondureño y guatemalteco, este último en la zona que hoy es la colonia británica de Belice. Desde el siglo XVII la historia recoge actos de rapiña y ocupación no española y desde el siglo XIX, una vez que el interés geopolítico de Centroamérica estaba definido totalmente, la intervención extranjera tendría formas diferentes. El objetivo fundamental de esta disputa, constante en la historia regional, fue la búsqueda del paso interoceánico para controlar el tráfico mercantil de las principales rutas. Otros intereses comerciales, como la tala de madera beliceña y la minería hondureña, también obligaron a los británicos a vincularse con la región, de tal forma que la intervención británica se hizo mediante ocupación o a través de la subordinación comercial.

Como gran parte del territorio americano, lo que hoy es la república de El Salvador perteneció a la Corona española durante tres siglos (XVI, XVII y XVIII). El descubrimiento lo hizo, en 1522, el piloto Andrés Niño, quien llegó al golfo de Conchagua y lo denominó de Fonseca. En esos momentos el área salvadoreña se encontraba dividida en varios cacicazgos y dos señoríos principales llamados Cuscatlán y Chaparrastique. El primero, cuyo nombre en lengua nativa significa tierra de preseas o riquezas, era, por su importancia, la capital y sirvió para otorgar la denominación a toda la zona pipil. Estos señoríos se localizaban al este, el de Chaparrastique, y al oeste, el de Cuscatlán, con respecto al río Lempa.

Cuando se encontraron españoles e indígenas, éstos poseían una cultura secular muy desarrollada. Eran agricultores y constructores; sus gigantescas esculturas, sus edificios y sus habitaciones hechas de cal y piedra despertaron la admiración de los recién llegados.

Posteriormente se iniciaron la conquista y la colonización. Distintos intentos se suceden en aras de dominar la zona. Las cartas que los conquistadores enviaron a Hernán Cortés informan sobre la bravura de aquellos pobladores que se expresaba en la resistencia frontal y sin tregua que presentaron al peninsular; a pesar de que este comportamiento persistió por mucho tiempo, el conquistador logró consolidar su dominio. Una vez que el español se hizo presente, la capital pipil quedó despoblada y la villa española, villa de San Salvador, llamada después Antiguo Cuscatlán, se fundó cerca de Cuscatlán. Más adelante, y luego de haber sido incendiada por los aborígenes, se restableció en el valle de la Bermuda y, por último, quedó instalada próxima a la primera "tierra de preseas"; para 1526 recibió el título de ciudad. Una década antes ya estaban constituidas muchas villas y ciudades que hoy se conocen.

Luego de dos décadas de combates, los peninsulares lograron instalarse, gracias también al respaldo fundamental de la Iglesia católica. Esta institución, representada por diversas órdenes religiosas, penetró en los más recónditos lugares con el firme propósito de ganar las conciencias de aquellas almas "perdidas". Así, la doctrina cristiana coadyuvó a la ideología colonizadora siendo su soporte principal.

Con el objeto de explotar una riqueza esencialmente agrícola, el asentamiento español se llevó a cabo en los espacios con clima menos ingrato para los cultivos y el poblador europeo —las tierras altas centrales y las laderas del Pacífico—, y donde ya hubieran asentamientos humanos, de tal forma que, instalados en un lugar aceptable, se tuviera cerca la mano de obra necesaria y explotable para cumplir sus objetivos.

El Salvador estuvo ajeno a la penetración inglesa debido a su ubicación en la franja, sin embargo, anota el historiador Manuel Vidal, los ingleses violentaron las costas del golfo de Fonseca hasta la desembocadura del río Lempa en 1682 y fueron derrotados por los españoles en Amapala; a su vez, a mediados del siglo XIX, se registra una ocupación por el Pacífico debido a un conflicto político-financiero.

EL REINO DE GUATEMALA

A mediados del siglo XVI la Corona buscó integrar, bajo su jurisdicción administrativa, esta nueva posesión ultramarina. En 1548 se le adjudicó su *status* colonial, creándose la Audiencia de Santiago de Guatemala, que en pocos años comprendió desde el actual estado mexicano de Chiapas hasta la hoy república de Costa Rica. Por tanto, incluía también las entidades que se conocieron luego como repúblicas de Nicaragua, Honduras, El Salvador y Guatemala, así como Belice. La Audiencia dependía del virreinato de la Nueva España, que abarcaba México y el sur del actual territorio de los Estados Unidos de América. Más adelante el funcionario de mayor rango en la región fue el capitán general y su jurisdicción se denominó, indistintamente, capitanía general o reino de Guatemala. Una gran autonomía caracterizó siempre al istmo; aunque jerárquicamente dependía del virreinato, en pocas oportunidades mantuvieron una relación fluida y constante, y casi siempre los asuntos se resolvían directamente con la metrópoli.

En su interior, el reino se configuró con un número relativamente alto de subdivisiones administrativas. El historiador Héctor Pérez Brignoli, a propósito de este fenómeno, opina que múltiples dependencias coloniales respondían más a estrategias propias de los funcionarios peninsulares que a criterios administrativos. La diversidad de núcleos políticos permaneció casi sin alteración hasta finales del siglo XVIII, cuando la dinastía de los Borbones, que sustituyó a la de los Austrias, en un intento por recuperar la fuerza del imperio, realizó una serie de reformas.

El reino estaba formado por cuatro gobernaciones, siete alcaldías mayores y once corregimientos. Todos dependían de una autoridad superior con sede en Guatemala. Se verá que, en adelante, este predominio de la ciudad santiagueña, concentradora de los poderes político, económico y religioso, generó una discordia entre quienes deseaban su propio gobierno y los que pretendían mantener el dominio ilimitado de la capital del reino. También se observará que en este espacio geográfico tan pequeño se fueron consolidando economías locales, impulsadas por la propia situación de aislamiento y las condiciones naturales del suelo que constituyeron un obstáculo más para la integración.

La tierra y su gente fueron lo más preciado de esta colonia, por lo que se distribuyó la masa humana y sus tierras. Como es obvio, todos los objetivos de esta organización estaban encaminados a incrementar la riqueza de los funcionarios y de la Corona. Así, una red de beneficiarios presionaron de manera creciente a la población hasta marginar su cultura autóctona y luego diezmarla.

Sobre dos obligaciones esenciales se erigió el sistema de dominación. Una fue el tributo que debía pagar el indígena directamente a la metrópoli; luego, la institución de la encomienda varió un poco esta forma directa: el tributo era pagado en especie, productos del agro o con algunas manufacturas, constituía más del 70% de los recursos fiscales del reino y de ese porcentaje los productos agrícolas eran los más importantes, los que a la hora de comercializarse producían los ingre-

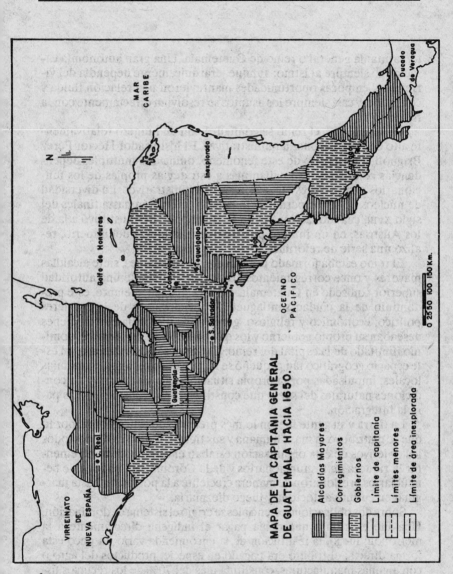

* Mapa tomado de Héctor Pérez Brignoli, *Breve historia de Centroamérica*, Madrid, Alianza Editorial, 1985, p. 46. (Alianza América, 7.)

sos que sirvieron para mantener a funcionarios e instituciones. La otra obligación era establecer las formas de organización de los pueblos que, aunque adquirieron rasgos locales propios, en esencia, todas se basaron en el aporte de la mano de obra para actividades dependientes del reino o de sus funcionarios y la entrega de los tributos establecidos. La forma habitual de la dominación fue la encomienda. Ella significó la cesión de tierras y de indios (también parte de los tributos) a un español (el encomendero) como recompensa por los favores prestados a la Corona. Sin embargo, el sentido de la encomienda cambió con el correr del tiempo. Al principio el encomendero debía instruir al nativo en la doctrina cristiana, lo que de inmediato sólo representó la obligación para el encomendado de pagar el tributo. Con el afán de preservar a los indígenas, la Corona dictó leyes de protección, pero la lejanía entre la metrópoli y las colonias facilitaron la explotación de aquella fuerza de trabajo. El conflicto generado entre Corona y españoles en la colonia se expresó en diferentes medidas en cuanto a las restricciones del trabajo indígena. De ahí que surgiera el repartimiento como otra forma de utilización de la mano de obra autóctona; los funcionarios españoles eran los que organizaban y disponían la contratación.

El abuso no se evitó, los propios funcionarios fueron los primeros en aprovecharse de los indígenas y a fines del siglo XVIII la sustitución desapareció formalmente. En el siglo XIX algunas leyes relacionadas con el orden laboral recogerían elementos del repartimiento.

Ya avanzada la Colonia, hacia el siglo XIX, también existieron otras formas de exacción económica a la población nativa: la de habilitación o préstamo de una cantidad de dinero a cuenta del valor de futuras cosechas o por cuenta del trabajo a realizar por los jornaleros. Los encargados de poner en práctica la habilitación eran los contratistas o enganchadores, quienes recibían una comisión por su labor. El peonaje por deudas, que era esta forma de adelantar parte del salario, condujo a que el indígena imposibilitado de pagar quedara amarrado al patrón de por vida y muchas veces sus hijos heredaban esa condición de deudor. De esta manera se controlaba y empeñaba el trabajo del campesino. La alcabala, o impuesto fiscal, y la gaita, o impuesto comercial, fueron otras formas de cargas fiscales. La Iglesia también contribuyó, por medio del cobro de diezmos y primicias, a explotar las economías de los pueblos. Por supuesto no estuvo ausente la esclavitud, como máxima representación del despojo humano, pero no fue la característica más sobresaliente de las formas de explotación. En el primer cuarto del siglo XVII apareció la mayor cantidad de negros esclavos debido a la dificultad de tener mano de obra indígena para el trabajo en las haciendas que numéricamente crecían. Al principio resultó barata esta fuerza de trabajo, pero con el tiempo la opción se volvió antieconómica para los hacendados.

Las epidemias, las condiciones extremas de explotación de la mano de obra y la mezcla de razas, condujeron paulatinamente en El Salvador al sensible decrecimiento de la población nativa, tanto por exterminio como por mestizaje. Aunque antes del mestizaje acaeció un primer proceso de sincretismo, expresado en el remplazo de patrones culturales autóctonos por europeos. Este comportamiento también redundó en la pérdida de fuerza de la población nativa.

EL SALVADOR DIVIDIDO EN DOS ALCALDÍAS MAYORES

Durante los primeros siglos de dominio español el territorio salvadoreño estuvo fraccionado en dos partes: una más pequeña denominada alcaldía mayor de la Santísima Trinidad de Sonsonate, constituida por los actuales departamentos de Ahuachapán y Sonsonate y otra, que cubría el resto del país de hoy, y se conocía como la alcaldía mayor de San Salvador.

A partir de una red de diversos funcionarios se fue tejiendo la tupida malla de vasallaje y dominación. El funcionario de más jerarquía era el alcalde mayor, quien exigía el pago de los tributos y los distribuía entre los beneficiarios, dependía de la Audiencia —poder superior instalado en Guatemala— que, en teoría, tenía como una de sus funciones evitar abusos y maltratos a los nativos. También en lo eclesiástico se dependía de la capital del reino, donde se encontraba la diócesis para toda la región, luego convertida en arzobispado. En poco tiempo se establecieron cuatro obispados, ubicados en Guatemala, Chiapas, León (Nicaragua) y Comayagua (Honduras). Mientras tanto, entre los salvadoreños comenzó lentamente a concebirse la idea de una diócesis local.

Las principales órdenes religiosas que se establecieron en estas alcaldías fueron los de los dominicos, los franciscanos y los mercedarios. Esparcidas por todo el territorio, fundaron conventos e iglesias, y enriquecidas velozmente a costa de los diezmos y primicias que la gente debía pagarles, subordinaron ideológicamente, y durante mucho tiempo, a la población. Se verá más adelante que a principios del siglo xix, desde la propia Iglesia, se incitaría a luchar contra el orden colonial.

Una economía agraria. Génesis de la monoproducción

La economía salvadoreña ha sido siempre básicamente agraria. Las formas de explotación de esta actividad y las relaciones entre los hombres que tenían que ver con ella han variado a lo largo del tiempo. Pero no sería absurdo plantear que la cultura agrícola constituye el eje de la historia de este pequeño espacio del continente.

En el devenir salvadoreño se fue extendiendo el número de productos cultivables, en relación a la práctica del mundo precolombino, al tiempo que se iba acrecentando el interés en la producción en uno o dos renglones particulares. De éstos han destacado, por orden de aparición cronológica, el cacao, luego el añil y, desde la segunda década del siglo xix, el café, que se mantiene hasta nuestros días. Las posibilidades de cambio y extensión fueron factibles debido a la introducción de novedades en los métodos de cultivo e instrumentos de trabajo. Un ejemplo es suficiente: los indígenas desconocían las bestias de tiro y de carga, así como el arado, que introdujeron los colonizadores.

Se observó asimismo una modificación en la forma de posesión de la tierra. La Corona fiscalizó de inmediato el suelo y dio inicio a un lento proceso de despojo de tierras a las comunidades indígenas. Al mismo tiempo se fue tendiendo a la concentración y privatización del suelo.

La encomienda fue la que primero organizó el trabajo del agro, luego aparecieron nuevas modalidades de las que la hacienda constituye la más importante, y através de ella se lograron coordinar los procesos de trabajo y de control social, convirtiéndola en unidad económico-social y germen de los grandes latifundios; una vez declarada la independencia se reforzó su papel.

Este proceso de cambio en la propiedad y en las formas de organización de la producción agrícola transcurrió lentamente. Al princi-

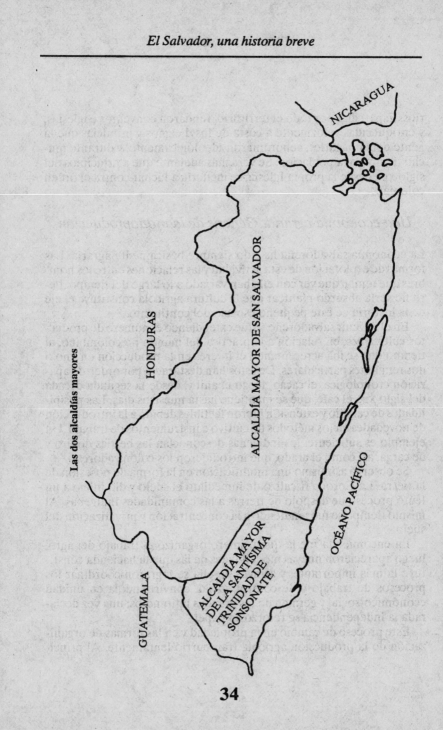

pio, para usufructuar mejor la riqueza salvadoreña, el español buscó su asentamiento en el lugar más próximo a las comunidades indígenas, cuando no dentro de ellas. La relevante presencia económica del agro fue acompañada de una más importante vida rural que citadina.

Los colonizadores eran en su mayoría mercaderes y encomenderos. Para ambos, la cercanía a la zona productiva resultaba fundamental en la medida que estimulaban la producción, tanto en función del comercio como del tributo. Al observar un mapa en que se especifican los lugares de asentamiento y los de producción, se verifica esta identidad, no siempre permitida en la legislación colonial. En el período precolombino la tierra era exclusivamente comunal y con los españoles comenzó —dentro de un mismo pueblo— la distinción con la ejidal. Así, la tierra común pertenecía a la comunidad y era trabajada por ella, y la tierra ejidal resultó propiedad municipal y se laboraba de acuerdo con las normas de los ejidos. Asimismo aparecieron las "tierras realengas", aquellas baldías sobre las que la Corona tenía posesión y las cuales se fueron adjudicando a los funcionarios o demás españoles en retribución a servicios prestados; en muchos casos se mantuvieron como realengas para otros usos oficiales. Más adelante, sobre estas tierras se asentó la propiedad privada.

A la llegada de los peninsulares, la economía era de subsistencia: productos básicos para a alimentación y realización de algunas manufacturas; se cosechaba maíz, cacao, algodón, azúcar y bálsamo; se criaba ganado y se producía alcohol. Con la colonización se introdujeron nuevos cultivos, antes desconocidos para la población, como lino, seda y cáñamo. Las comunidades eran centros autoabastecedores, sin embargo, en la medida en que los intereses coloniales así lo hacían sentir, se debió cambiar el esquema de cultivos por aquellos que más expectativas tenían en el mercado exterior. De esta forma fueron, primero el cacao y el bálsamo, y más tarde el añil, los productos que, al ser exigidos por el comercio ultramarino, se desarrollaron, en detrimento de los cultivos de subsistencia. A la larga, esto ocasionó una crisis de abastecimiento de los productos básicos para la dieta de los nativos. Para la comercialización extraterritorial, el cultivo preponderante fue el cacao. Desde mediados del siglo XVI, y cosechado como era la costumbre precolombina, se empezó a enviar fuera de fronteras. El cacao pasó de ser una bebida usual entre los indígenas a tener gran aceptación en el medio europeo; el lugar donde se produjo en mayor cantidad fue en los alrededores de la villa de Sonsonate. El cacao se le entregaba a los encomenderos y comerciantes, quienes, a su vez, lo despachaban desde la región de Los Izalcos, por el puerto de Acajutla, hacia el virreinato del Perú o de la Nueva España; también se fletaba hacia Panamá.

En un estudio referido a la relación hombre-tierra en El Salvador, David Browning la analiza con respecto al cultivo del cacao. Observa que el cultivo indígena se extendía por toda la zona salvadoreña, pero la política peninsular, dirigida a la exportación provocó una concentración en Izalco, creando así un centro de operaciones comerciales, donde se vivió un fenómeno interesante. Siendo un lugar estrictamente indígena, las comunidades no admitieron la interferencia del español. Al tiempo que las autoridades prohibieron la práctica del pago a los encomenderos, dadas las excesivas cantidades demandadas (aunque resulta dudosa su efectividad), la resolución derivó en una aún mayor autonomía de los indígenas, por lo que venían a Izalco desde los pueblos vecinos a vender o a practicar el trueque. Durante los dos primeros siglos de la Colonia el cacao fungió como moneda. Una vez avanzado el siglo XVIII sería cuando el uso de la moneda como forma de pago se impuso extensivamente, cuando ésta, acuñada en Guatemala, comenzó a circular en la provincia; lo mismo hacían los mercaderes al concurrir a los lugares de cultivo. Algo similar sucedió también en Sonsonate, que fue fundada en 1555.

La estructura de la tenencia de la tierra, basada en la propiedad de la comunidad, fue cambiando. La tierra era otorgada por la Corona en virtud de diferentes favores y se concretó de formas diversas. Aunque la hacienda fue la preponderante, la propiedad privada de pequeña extensión, durante el periodo añilero, destacó en la producción del tinte y eran los "poquiteros", pequeños productores, los que vendían parte importante de la cosecha total para que en las haciendas se terminara el proceso.

La ganadería, que no fue nunca la actividad principal y estuvo siempre poco organizada, a pesar de que sólo en algunos momentos fue un aporte relevante al comercio regional, sirvió para la expansión de la propiedad privada. Esto fue así gracias a que las tierras no estaban cercadas. En la medida en que el ganado, que era abundante, vagaba sin rumbo, se constituyó en una amenaza para los asentamientos humanos y para los cultivos, debido a su capacidad destructiva. Los hacendados usufructuaban las condiciones de crecimiento del ganado y se beneficiaban de su movilidad extendiendo los límites de sus propiedades, lo que aprovechaban también para el procesamiento de las hojas de añil.

Mientras transcurría una vida profusamente rural, cuyo centro era la producción de subsistencia y el aislamiento acaparaba la vida cotidiana, se fueron vislumbrando y generando cambios que a la larga alterarían las costumbres. Creció el número de pueblos y villas, donde las razas empezaron a tornarse impuras: españoles e indios y, de vez en cuando, negros, se mezclaron. Nuevos intereses generaron otros productos que necesitaron de nuevas instalaciones para su intercambio: los mercados locales, fruto de un mayor grado de integración, concentraron las más variadas mercancías como ganado, maíz, algodón y otros productos. Al mismo tiempo, crecieron las posibilidades y las necesidades del comercio con el exterior.

La vida comercial se incrementó a tal punto que los encomenderos fueron sustituidos totalmente en el siglo XVIII por comerciantes, de tal forma que se convirtieron en fiscalizadores y, más que nada, explotadores del trabajo de las comunidades indígenas. Cuando ocurrió la crisis del cacao, otros productos regionales declinaron y la relación con la tierra cambió. Fue entonces el añil el producto mediante el cual la tierra se vinculaba al hombre, el área a la región y ésta al mundo.

El cultivo como tal no era extraño al lugar; antes de que llegaran los españoles ya se conocían las virtudes tintóreas de la hoja y también su uso medicinal. Entonces no significaba un elemento importante para la economía agrícola, sin embargo, la demanda generada tanto en Hispanoamérica, para las telas producidas en la zona de Perú, como en Europa, para satisfacer necesidades surgidas en las economías industriales, despertó el interés en el siglo XVIII por convertir a la zona en abastecedora del mercado mundial. A esta condición de demanda se agregaron las de clima, suelo y mano de obra apropiadas que permitieron impulsar el cultivo en gran escala. Ahora, la empresa del agro, tradicionalmente indígena y comunitaria, se volvió europea por medio de españoles o de sus hijos nacidos en América, los criollos. Esta empresa auguró la posibilidad de un gran poder económico y comenzó la lucha por obtener más y más tierras. Un elemento adicional jugó en favor de la voracidad: la disminución de la población nativa que había dejado muchos terrenos deshabitados.

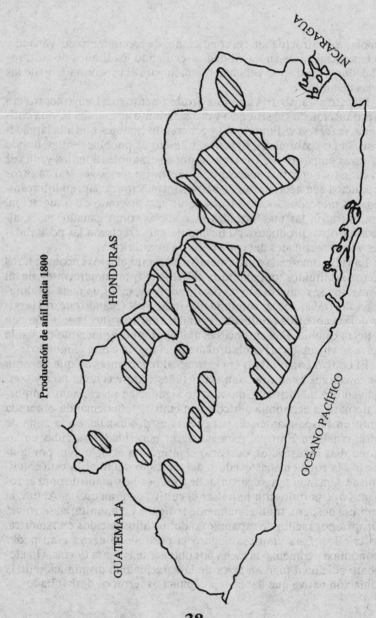

Producción de añil hacia 1800

De inmediato se fundaron las haciendas que en lo sucesivo se expandieron por toda el área salvadoreña, al igual que el cultivo del tinte. Si bien en general sucedió así, la producción se concentró en los lugares en que el suelo era más fértil y estaba mejor drenado. Las tierras volcánicas de las laderas bajas y los valles de las tierras altas centrales resultaron los más indicados para el crecimiento del añil. Destacaron entonces por su alta producción las zonas correspondientes a San Salvador, San Vicente, San Miguel y, en menor medida, Santa Ana. A excepción de San Miguel, el resto no correspondía a lugares con numerosa población indígena, pues ella habitaba especialmente la zona centro-occidental salvadoreña. Esto indica que el mayor despojo de tierras no se dio en este momento, habría que esperar a la economía cafetalera para que se extinguieran totalmente los bienes comunales.

A mediados del siglo XVII el añil remplazó al cacao y para el siglo siguiente ofreció condiciones para alcanzar un auge comercial. Su cultivo estuvo en manos de los grandes hacendados, que en sus centros productivos tenían los medios necesarios para el procesamiento de la planta, y de una enorme cantidad de pequeños y medianos productores, los poquiteros, que aprovechaban el trabajo familiar y no contaban con lo necesario para completar el proceso.

El obraje del añil era el procesamiento de las hojas de la plata: se las maceraba en pilas de piedra con los pies o trapiches tirados por bueyes. Los poquiteros, que no contaban con los obrajes, cultivaban la planta, luego la cortaban y se la vendían a los hacendados. En las haciendas se contrataba mano de obra y se desarrollaban diversas relaciones laborales: esclavitud, repartimiento, aparcería y arrendamiento, entre otros.

Cultivado en las laderas y costas del Pacífico, desde Guatemala hasta Nicoya, el área salvadoreña se destacó por ser su principal productora. Conforme se incrementaba su comercialización, se produjeron crisis de alimentos; la extensión del cultivo principal lesionó la producción de alimentos básicos, aunque las haciendas, como centros autosuficientes, destinaban áreas a la subsistencia. Fue el añil, convertido en monocultivo, el que imprimió el sello de la economía agroexportadora.

Una cadena de dependencia y relaciones diversas tanto a nivel interno como regional se armó sobre esta economía. En el primer caso, una diversidad de mecanismos y jerarquías se establecieron teniendo en sus polos opuestos al hacendado —español o criollo—, por un lado, y al trabajador añilero —indígena, pero también mestizo—, por el otro. En el segundo, debido a las situaciones generadas en las relaciones con el exterior, regional o mundial, en la medida en que se consolidaba la colonia y con ella el poder de Guatemala, todas las rutas comerciales debieron pasar por la capital, o bien por los lugares que ésta podía controlar. Así, paulatinamente el comercio tuvo que volcarse hacia el Caribe, aunque los costos para los provincianos, en este caso los salvadoreños, fueran enormes e injustificados.

Tanto el comercio dentro del reino como el realizado hacia el exterior se controlaba desde Guatemala. Muy al principio de la Colonia se practicaba libremente y en la medida en que el imperio español fue perdiendo fuerza en relación a otros, el monopolio comercial se volvió más intransigente. Paralelamente, surgió un sector de comerciantes capitalinos que aprovecharon su condición de pertenencia y dominio sobre la ciudad sede de los poderes españoles para hegemonizar todo el flujo del comercio regional; sólo ellos mantuvieron relación con los comerciantes de Cádiz.

El férreo monopolio español no permitió comerciar libremente, sino se hacía directamente con la metrópoli. Aun el comercio interlocal era supervisado por las autoridades; las ferias, a donde los locatarios o provincianos llevaban sus productos, eran controladas por criollos guatemaltecos y españoles, que también determinaban los precios. En cualquier lugar, dentro o fuera de Guatemala, los comerciantes eran presionados por las autoridades en el momento de vender o intercambiar sus mercancías. Ni qué hablar de los ganaderos; el ganado de estos provincianos, que luego de agotadoras travesías apenas sobrevivía, se vendía al precio que establecían aquellos señores o se perdía totalmente. De ahí que ya era una suerte que llegara en buen estado para venderse, porque de todas maneras no aguantaría nuevamente el viaje.

Las pésimas rutas centroamericanas eran recorridas por mulas que en su lomo cargaban las mercancías. Cuenta un viajero que el camino era tan estrecho que mientras pasaba un animal, el que venía en sentido contrario debía esperar para continuar su trayecto. En la medida en que todo tenía que pasar por Guatemala, el grueso de los productos locales concurría en ella. Las mercancías salían hacia España, en los primeros tiempos por tierra hacia el actual puerto mexicano de Veracruz, y más tarde se usaron los desembarcaderos del Caribe ístmico. En dirección contraria, y por los mismos puertos, entraban los productos españoles, tales como vinos, aceites, telas y otras manufacturas.

El añil y otros escasos productos salvadoreños no escaparon a esta realidad. Pese a que sus puertos y su mayor cercanía con otras zonas de producción centroamericanas hubieran permitido otras formas de comercialización, se mantuvo una sujeción estrecha con la capital. A lomo de mula también eran transportados los sacos de añil para ser vendidos en el Viejo Mundo. En el istmo el tinte se comerció en ferias anuales. Esta medida se implantó desde mediados del siglo XVIII; hasta 1782 se llevó a cabo en Apastepeque y luego se realizó en San Vicente, donde fue suspendida en 1792 y reinstalada en 1803, a instancias de los cosecheros. Este comercio, que permitió en el siglo XIX equilibrar, por un tiempo, la economía del reino, se originó, principalmente, en tierra salvadoreña.

Una cadena de dependencias estaba formada por eslabones que iban desde los desposeídos trabajadores añileros, vinculados al hacendado, como se ha dicho, según diferentes relaciones laborales y de los cuales dependía la subsistencia propia y de su gente, pasando por los poquiteros que, con el solo recurso de su tierra y la mano de obra familiar, estaban sujetos a las disposiciones del dueño de la hacienda que compraba su cosecha, hasta éstos mismos, que nada hacían con el producto, mientras que los comerciantes guatemaltecos no lo dispusiesen. Y así, la mayor riqueza de los salvadoreños les redituaba mucho menos de lo necesario para vivir, ya que, por supuesto, los beneficios se distribuían inequitativamente entre dichos eslabones. Esto provocó que los hacendados añileros quisieran romper con los comerciantes y exportadores guatemaltecos y ser ellos mismos los favorecidos con el cien por ciento de las ganancias.

Una sociedad agrícola, jerarquizada y ladinizada

Al visualizar la sociedad en las postrimerías de la Colonia se observa una urdimbre heterogénea, donde aparecen mezcladas clases, etnias y razas. Al decir de Alejandro Dagoberto Marroquín, las clases sociales se encuentran ocultas bajo las categorías étnicas; clases y estamen-

Rutas comerciales para el añil *

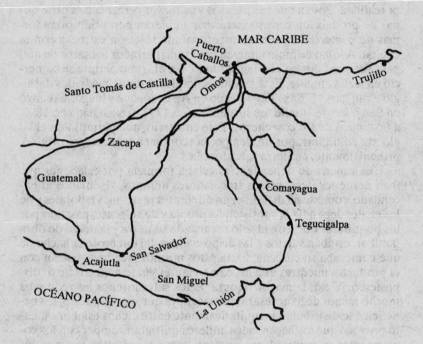

* Mapa tomado de David Browning, *op cit.,* p. 243.

tos se confunden, resultando que las correspondencias no son únicamente económicas sino de nacionalidad y abolengo.

Una pirámide de extensa base permite, de manera gráfica, representar a la sociedad de entonces. En su base se encuentra la población indígena, que de ser dueña de la tierra pasó, a partir de la llegada de los españoles, a constituir la gran masa de los oprimidos, generadora de fuerza de trabajo. En el vértice, el español formó el grupo dominante y explotador de aquella fuerza de trabajo. En poco tiempo aparecieron y se distinguieron en su interior los criollos. La coexistencia y convivencia de españoles e indígenas generó un tercer grupo racialmente distinto y que, a la larga, fue el mayoritario y esencial para la sociedad salvadoreña: el mestizo. Pero los dos primeros grupos, racialmente diferentes, fraccionan la sociedad en sectores dominante y dominado.

El mestizaje causó serios conflictos en el devenir histórico. El mestizo fue discriminado porque no pertenecía cabalmente a ninguno de los dos grupos que lo originan. Y si bien no formó parte de la clase dominante, algunas veces se contó entre los más oprimidos y otras entre aquellos que poseían cierto poder económico.

Los negros también formaban parte de esta inmensa base social. Para el siglo XVII eran alrededor de cuatro o cinco millares, todos esclavos y dedicados a la producción añilera, pero fueron desapareciendo en la medida que la mestización los absorbió. Este decrecimiento contrastó con el incremento acaecido en las Antillas; Rodolfo Barón Castro señala que el nimio desarrollo de la minería no exigió en el área salvadoreña mano de obra esclava.

Es necesario reafirmar que se trata de una sociedad agrícola y, por tanto, la tierra y las actividades que se generan en torno a ella constituyen su matriz. De ahí que los diferentes grupos deben ser analizados a partir de su relación con la propiedad fundiaria o con los productos generados en la misma.

¿Cómo funcionaba esta sociedad? ¿Cuáles eran los intereses y los hábitos laborales de cada uno de los grupos? ¿Por qué se dice que existe una ocultación de las clases por las razas?

Hay que establecer dos relaciones para penetrar la sociedad colonial. Una es la tenencia de la tierra y las determinaciones que surgen de ella y organizan la pirámide social, y la otra es la ladinización que, como apunta David Browning, resulta del abandono de algunas raíces culturales autóctonas y de la apropiación sustitutiva de las pautas his-

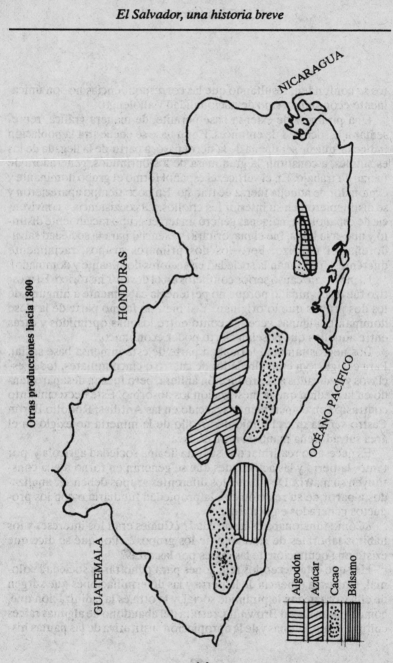

panas. Los españoles, según cuentan cronistas coetáneos como Pedro Cortés y Larraz o Antonio Gutiérrez y Ulloa, eran unas pocas familias; es posible que llegaran a cuatro centenas y vivían alrededor de cuatro ciudades importantes: San Salvador, San Vicente, Santa Ana y San Miguel. También se instalaron en poblaciones más pequeñas como Zacatecoluca, Metapán, Chalatenango, Cojutepeque y Usulután. Estas familias poseían grandes extensiones fundiarias y controlaban por distintos medios la vida económica y política de la colonia. Se distinguían por el tamaño de sus propiedades y así conformaban diferentes rangos sociales dentro del conjunto de los terratenientes. Tanto el comercio regional como el de exportación estaban supervisados por los comerciantes capitalinos, de modo que las ganancias de los españoles, propietarios en el área salvadoreña, o de sus hijos criollos, provenían de la venta del añil, de un poco de ganado y de las rentas de los agricultores arrendatarios. Poseían casas de piedra, ladrillo y argamasa, importaban ropa de lana y seda y enseres de metal de España y construían edificios. Por lo general este grupo no era ausentista, ya que la hacienda era el lugar de su residencia habitual y de una vida próspera en relación al resto de la sociedad.

La mayor parte de la población escasamente vestida trabajaba para el hacendado o para propietarios más pequeños mediante diferentes vínculos laborales, y si era ejidatario o comunero tenía la posibilidad de cosechar su terruño. Carencia de vivienda, desnutrición y educación, entre otras cosas, eran comunes entre la población. Los impuestos y los demás métodos de exacción muchas veces provocaron que los indígenas se alejaran de los pueblos y se ocultaran en las montañas. La vida de otros desposeídos que se dedicaban a actividades artesanales no era muy distinta, y los mestizos y los ladinos, indios racialmente pero culturalmente sincréticos, no escaparon a muchas de estas prácticas. De esta forma, en los pueblos y villas en donde las construcciones eran temporales, chozas de barro y caña cubiertas de hojas, hierbas y juncos, contrastaban con las hermosas casas de los grupos privilegiados, así como la diferencia entre unas condiciones de vida y otras fueron despertando el deseo de cambiar la situación.

Hacia fines del siglo XVIII, según cuentan los cronistas, existían cinco ciudades importantes: San Salvador, San Miguel, San Vicente, Santa Ana y Sonsonate, y algunas poblaciones relevantes. Eran las haciendas y los pueblos las formas fundamentales de asentamiento.

Asentamiento español *

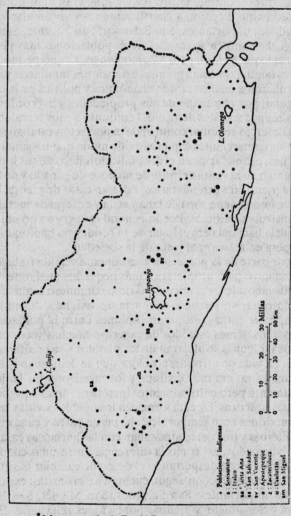

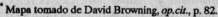
* Mapa tomado de David Browning, *op.cit.*, p. 82.

La hacienda cobijó no sólo a su dueño sino a un número no despreciable de gente que de una u otra manera se relacionaba con el patrón. En los pueblos vivían los indígenas, sujetos a los dictámenes de las autoridades peninsulares y nativas, estas últimas a veces resultaban las más temidas. La pesada carga tributaria que redundaba en una vida aún más paupérrima favoreció la huida de los indígenas de sus seculares asentamientos, con lo cual pasaban al anonimato y se instalaban en cualquier parte del territorio. Así obtenían la libertad para contratarse como mejor les conviniera o buscar alguna parcela para cultivar sus alimentos. Este fenómeno de alejamiento de su lugar natural implicó la pérdida paulatina de las costumbres, en un esfuerzo por sobrevivir, y contribuyó a la ladinización.

La presencia creciente del ladino caracterizó a la sociedad salvadoreña. Sin embargo, el fenómeno no fue resultado de la preocupación hispana por educar a la población mediante la instrucción formal, que como tal empezó a fines del siglo XVIII con la primera escuela primaria, sino por el intenso contacto entre los grupos humanos. La educación superior se concentró en Guatemala, aunque también Nicaragua, desde que se fundó la Universidad de León, resultó en menor medida una Meca del aprendizaje. La educación que había en la provincia, dirigida por sacerdotes, no hacía más que acentuar el atraso cultural para evitar que surgiera una conciencia subversiva. Pese a ello no faltaba mucho tiempo para que, de las filas eclesiásticas, salieran quienes buscaran romper con el orden establecido.

POSTRIMERÍAS DEL RÉGIMEN COLONIAL

Las reformas borbónicas

Cambios sustanciales en la metrópoli ocasionaron modificaciones de envergadura para las colonias del Nuevo Mundo y, en particular, para la provincia salvadoreña. En las últimas décadas del siglo XVIII se produjeron en los imperios coloniales transformaciones revolucionarias como resultado del desarrollo capitalista. Inglaterra varió los tipos y acrecentó los ritmos de expansión económica; también lo hizo, aunque en menor grado, Holanda. El proceso alteró los volúmenes de exportaciones e importaciones que se habían destinado al circui-

Asentamientos indígenas y ladinos hacia 1770 *

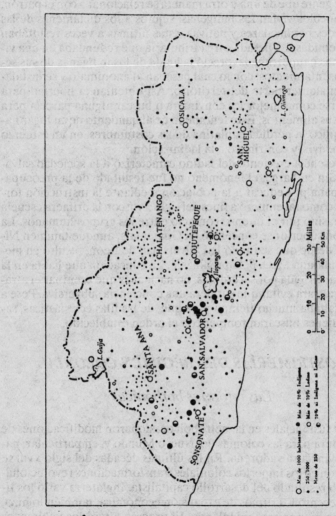

* Mapa tomado de David Browning, *op.cit.*, p. 211.

to metrópoli-colonias, por consiguiente, los Estados que vivían este desarrollo de manera muy acentuada se manifestaron con un potencial económico y político ilimitado frente a sus similares decadentes como el español.

Como consecuencia, España, gobernada por una nueva casa real, la de Borbón, intentó cambiar el papel de sus colonias, que debería ser complemento en la recomposición del débil imperio. Asimismo se debería impedir que las mismas colonias pasaran a depender, económicamente, de Gran Bretaña o de cualquier otro país desarrollado.

Se tomaron un conjunto de medidas con el fin de organizar el imperio colonial sobre nuevas bases, las que atendían, en esencia, a los aspectos administrativo y fiscal. Con las reformas dictadas se buscó lubricar el trabado andamiaje administrativo que acelerara actividades económicas de sumo interés para la metrópoli.

A pesar de las intenciones de los españoles, el movimiento reformista contribuyó a generar situaciones que favorecieron la cohesión local. En San Salvador tomó cuerpo un sentimiento nacionalista que se acrecentó gracias a la certidumbre de la autosuficiencia económica y que se reforzó a medida que se infiltraban las ideas liberales de la Revolución Francesa. En poco tiempo, sentimiento e ideas nuevas crearon una ideología que impulsó la emancipación.

Como parte de las reformas borbónicas se crearon virreinatos, intendencias, alcaldías y otros tipos de instituciones coloniales. Así, en 1786 se constituyó la intendencia de San Salvador, como resultado de la aplicación de la Ordenanza de Intendentes de 1786. Dicha elevación de rango jurisdiccional se consideró pertinente debido al número de pobladores y al progreso de la antigua entidad administrativa. Al mismo tiempo se autorizó la creación, entre otros, de los siguientes organismos: ayuntamiento, diputación de consulado, cajas reales, administración de alcabalas y barlovento; la descentralización del poder capitalino redundó en beneficio de la intendencia. De esta forma también se confirmaba el sentimiento de que era suficiente el poder local para no depender de Guatemala ni tampoco de la metrópoli. La nueva intendencia se constituía por cuatro alcaldías: San Salvador, San Miguel, San Vicente y Santa Ana. Las tres primeras ya existían antes de tal promoción jurídico-administrativa. A su vez, las alcaldías estuvieron subdivididas en quince partidos hasta el año de la independencia. Es así que, con una u otra jurisdicción colonial, el área salvadoreña siempre formó parte de la unidad político-administrativa regional hasta la disolución del pacto unitario.

Las ideas liberales

La filosofía de aquellos que condujeron a la Revolución Francesa, Montesquieu, Voltaire y Rousseau, tenía como idea fundamental la liberación del hombre. El uso de la razón de cada individuo resultaba el punto de arranque de los cambios; era necesario entonces que los hombres gozaran de libertad para servirse de su propia razón. Esta exaltación de la razón fue acompañada de un desarrollo del espíritu crítico. Todo se negaba hasta encontrar lo verdadero después de haberlo comprendido. De ahí que se desconocieron la autoridad y la tradición, y se hizo caso omiso al derecho divino.

Los hombres de la Ilustración elevaron al individuo y al poder terrenal y, a pesar de que el "siglo de las luces" no fue una época en que se practicara el ateísmo, se extendió el anticlericalismo. Se luchó contra la intromisión de la Iglesia católica fomentadora de misterios y supersticiones y predicadora de la pobreza y la humildad. Esta postura anticlerical derivó en el deísmo, que reivindicaba la existencia de un ser todopoderoso del cual se había surgido, y en el ateísmo que sostenía que la materia era la esencia del universo.

Concomitantemente se despertó la confianza en la ciencia y se extendió el interés por desarrollarla. Con excepción de Rousseau, los pensadores del siglo XVIII coincidieron en la idea de que el avance de los conocimientos daría un crecimiento continuo a la humanidad y la felicidad de los hombres se encontraría mediante la utilidad social. La sociedad debería estar organizada en función de ello y en armonía con el bienestar colectivo, por lo cual se proclamaron la tolerancia y el humanitarismo.

El pensamiento dieciochesco lo representaban también los fisiócratas, que sostenían la filosofía de "dejar hacer, dejar pasar". Convencidos de que la riqueza de una nación depende de la riqueza de los demás, sostenían que no se debería perjudicar el comercio de otra nación. Acompañó a este pensamiento la idea del liberalismo económico: el Estado debe abstenerse de toda intervención en materia económica y su papel queda relegado a un estricto mínimo.

El movimiento intelectual del siglo XVIII respondió a las transformaciones económicas y sociales de la Europa contemporánea en los albores del desarrollo industrial, y representó un cambio profundo en el pensamiento de la humanidad.

Las reivindicaciones de libertad individual, soberanía —aunque se entendía en un sentido restringido porque los ciudadanos eran pocos y selectos—, división de poderes en el sistema político, destacando el papel del parlamento y un Estado administrador y protector de los dictámenes soberanos del pueblo y sus representantes, constituían los pilares del pensamiento revolucionario.

El liberalismo resumió el conjunto de las ideas propuestas para aquella sociedad que arrancaba hacia la modernidad capitalista y constituyó la herramienta de la nueva clase dominante, la burguesía, para alcanzar el papel hegemónico.

La capitanía general: el poder concentrado en Guatemala

Entre 1785 y 1787 se crearon en el reino cuatro intendencias: San Salvador, Ciudad Real, León y Comayagua; únicamente Costa Rica se mantuvo como gobernación. En Guatemala no se alteró la división político-administrativa que comprendía ocho alcaldías mayores y dos corregimientos, y también se mantuvo el control sobre todas las actividades de la región. Hasta el momento mismo de la independencia se alojaron en esta capital las principales instituciones y autoridades coloniales: la Capitanía General, la Real Audiencia, el Arzobispado, la Casa de Moneda, el Consulado de Comercio, la Sociedad de Amigos del País y la Universidad de San Carlos, que con excepción de la de León era la única casa de estudios superiores en todo el istmo.

El poder concentrado ahí, la política metropolitana de control sobre las localidades y la prohibición de las relaciones interprovinciales, además de un suelo propicio para fomentar el aislacionismo y poner barreras naturales para el acceso al mar de muchos de los centros coloniales, consolidaron la hegemonía santiagueña, y con ella el

La Capitanía General de Guatemala (1780-1821) *

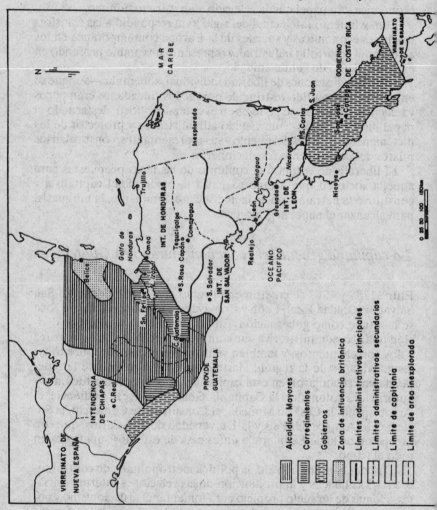

* Mapa tomado de Héctor Pérez Brignoli, *op.cit.*, p. 47.

afianzamiento de un poder dual en el marco de la Capitanía General, el ejercido por la tradicional dominación peninsular y resultante del peculiar desarrollo ístmico y la fuerza de los sectores comerciantes y exportadores guatemaltecos.

Aislando a las zonas productivas de Comayagua de una salida al mar, los centros pacíficos del área nicaragüense, impedidos del acceso a este océano al igual que la producción salvadoreña, restaba como único camino hacia el exterior aquél controlado por la capital. Por lo tanto, el paso obligado fue la ruta real para luego salir al Caribe. Los puertos de Omoa, Trujillo y Santo Tomás de Castilla sustituyeron a los del Pacífico, mientras que las agresiones piratas, apoyadas por los ingleses, no se volvieron muy peligrosas. Además, el puerto de Santo Tomás tenía una ventaja para los provincianos: no cobraba aranceles. Con las reformas borbónicas no se observan cambios en cuanto al poder monopólico, sólo hay un traslado del centro de operaciones: ahora los barcos llegan y salen desde Omoa, aunque el comercio con el exterior siguió estando concentrado en Guatemala y sus comerciantes no rompieron los vínculos con los de Cádiz.

A pesar de la crisis por la que pasó el añil centroamericano, a fines del siglo XVIII, en virtud de la aparición de nuevos centros productivos, siguió siendo la principal mercancía de exportación regional. Las casas comerciales santiagueñas continuaron ocupándose de la comercialización del tinte y, mediante un sistema de préstamos a los cosecheros arruinados por las fluctuaciones bruscas de las demandas, los propios comerciantes y exportadores de la capital se fueron quedando con importantes haciendas añileras. De esta forma, los comerciantes capitalinos lograron también apoderarse de la mercancía desde su primera etapa, es decir, desde el cultivo de la planta.

Por aquella época, otros productos reforzaron los ingresos regionales, aunque no con la fuerza del añil. Honduras, en el área que circunda a Tegucigalpa, desarrolló la explotación minera. Nicaragua contribuyó con una importante producción ganadera y, aunque en mucho menor grado que El Salvador, también aportó añil. En el área costarricense el tabaco fue el principal producto de exportación. Para unos y otros productos la política siempre fue la misma: transportarlos a Guatemala y desde allí exportarlos. En 1793 se creó el Consulado de Comercio y con él se institucionalizó definitivamente la hegemonía capitalina. Al mismo tiempo se buscó adecuar el sistema de comunicaciones internas y hacia el exterior para volver más redituable el negocio de intermediación.

El peso de la hegemonía guatemalteca no se sintió por igual en toda la capitanía. Es cierto que la colonización se concentró en los lugares más prometedores de futuras riquezas y esto terminó reflejándose al constituirse ese doble poder o dual hegemonía. De forma tal que Costa Rica, pobre, escasamente poblada y lejana, no resultó atractiva ni para los funcionarios peninsulares ni para los comerciantes santiagueños, lo que favoreció un crecimiento más autónomo y muy diferente en cuanto a su suerte política posterior. En cambio, El Salvador reunía las condiciones contrarias a las costarricenses: riqueza humana, productos demandados y una cercanía extraordinaria con Guatemala. En este sentido, la disputa principal se dio entre la capitanía y la intendencia salvadoreña, constituyendo el eje de las contradicciones coloniales.

El panorama finisecular muestra no sólo las contradicciones entre la metrópoli y las colonias, sino que agrega la existente entre capitalinos y provincianos del resto del reino.

La Iglesia, ya se ha dicho, no permaneció ajena a este sojuzgamiento de los más. Por el contrario, contribuyó a robustecer el régimen y a estabilizarlo en los momentos más críticos. El arzobispado siempre jugó a la conservación del "estado de cosas", pero fue permeado por los antagonismos. Tampoco existió uniformidad en cuanto al poder eclesiástico; en algunas provincias, más que en otras, la Iglesia representaba un poder paralelo, tanto económica como políticamente. Guatemala fue claro ejemplo de este hecho. Por eso, cuando a fines del siglo xix se producen las reformas liberales, éstas afectan fundamentalmente a la Iglesia guatemalteca.

La vida cultural fue, a la par, patrimonio de Guatemala. La Universidad de San Carlos resultó la sede de las actividades formales y, en torno a ella, se realizaban otras menos académicas; el acceso a ella sólo era posible para aquellas personas que disponían de recursos. Es decir, que la instrucción superior sólo fue para las clases pudientes; sus alumnos eran españoles, criollos y, con suerte, algún mestizo. Había incluso quienes, desbordantes de posibilidades, iban a estudiar a la universidad novohispana. No hay que creer que la enseñanza primaria era diferente: tampoco en ella participaba demasiada gente; las escuelas eran escasísimas, y así el saber leer y escribir fue, durante la Colonia, privilegio de una minoría.

Esta rápida reseña hace evidente la situación de latente inconformidad provincial ante el régimen de injusticia y oprobio que imperaba sobre la sociedad centroamericana. Y en medio de ella, se cultivó la idea de la emancipación.

LA INTENDENCIA DE SAN SALVADOR: CUNA DEL PODER CONTESTATARIO

Tal vez lo más importante de este último periodo de la etapa colonial fue la gestación de una ideología contraria al orden que durante tres siglos rigió a la sociedad regional.

Si la política borbónica procuró descentralizar el poder e impulsar y destrabar el crecimiento económico con miras a remover, al menos, las estructuras anquilosadas del imperio, su resultado fue parcial.

El régimen de intendencias favoreció la descentralización de algunos poderes, lo que logró que muchas gestiones administrativas fueran menos lentas; el área salvadoreña es ejemplo de ello. De la misma forma, al crear organismos con pequeños poderes, dio pie a que los provincianos vieran más de cerca las redes de las autoridades institucionales. Pero, en lo inmediato, se fortaleció aún más el monopolio central, en este caso, guatemalteco, y se crearon todavía más centros regionales que fortalecieron el control capitalino. La propuesta de reordenamiento fiscal y de reestructura de las comunicaciones, partiendo de un plan de creación de una infraestructura funcional para las necesidades de crecimiento productivo y comercial, también redundó en un incremento del poder central.

Si bien se intentó estimular, al mismo tiempo, la producción añilera y minera, fue sólo la primera la que logró vincular de manera exitosa la región con el resto del mundo. Sin duda, la demanda de la industria textil europea elevó la jerarquía del producto dentro del mercado internacional. Simultáneamente, el desarrollo industrial inglés trajo consigo, después de la independencia, el desplome de la demanda de textiles centroamericanos. En un estudio realizado por Ernesto Richter se dice que los textiles británicos eran una mercancía

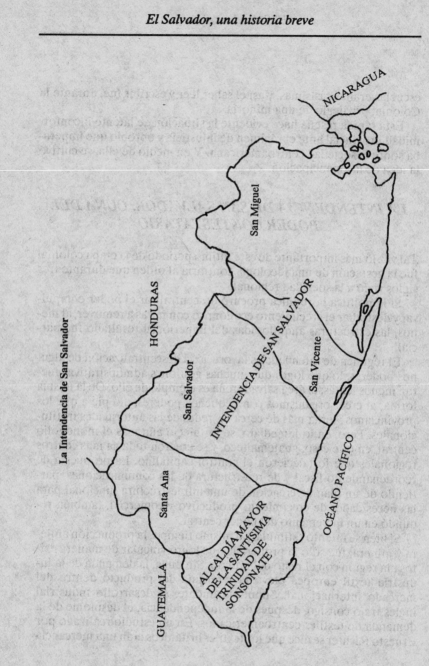

NICARAGUA

San Miguel

HONDURAS

La Intendencia de San Salvador

San Salvador

INTENDENCIA DE SAN SALVADOR

San Vicente

Santa Ana

OCÉANO PACÍFICO

GUATEMALA

ALCALDÍA MAYOR DE LA SANTÍSIMA TRINIDAD DE SONSONATE

barata, por ser producto de los capitales más avanzados de su tiempo y ahogaron así la manufactura existente en el istmo.

También se ha dicho que la producción de añil en El Salvador, proporcionalmente mayor en relación al conjunto de Centroamérica, era resultado de la actividad de las grandes haciendas —un tercio de la cantidad total de la cosecha y todo el procesamiento final— y de la labor de los poquiteros que aportaban dos tercios de su cultivo, aunque el ciclo completo se terminara en las unidades productivas de mayor envergadura. Este proceso productivo era la base de la economía regional pero, para llevar su producto a los puertos que lo empacarían y enviarían hacia el exterior, un sinfín de impuestos, fletes y otras trabas recaían sobre la riqueza provincial. Los mercaderes nunca dejaron de tejer la red de imposiciones sobre el productor salvadoreño y, más aún, si se piensa en la pirámide añilera, aquellos que producían los dos tercios del tinte tan preciado eran los más explotados respecto a las pingües ganancias extraídas. La pauperización fue tal que, incrementada en momentos de crisis añilera y de plaga de la langosta, que en muchas ocasiones devoraba el cultivo, la Corona creó una institución que facilitaría la gestión de los productores: el Montepío de los Cosecheros del Añil. Esta fue una sociedad de productores que recibió un préstamo inicial proveniente de los fondos acumulados por el estanco del tabaco (monopolio de la Corona a la comercialización del producto) y que procuró financiar a todos los necesitados. En El Salvador había representantes de esta novel institución que, si logró algo, fue brindar apoyo a los grandes productores en detrimento, una vez más, de la mayoría.

Hacia fines de siglo bajó la demanda del añil y, con ella, la cuota salvadoreña. Se produjo una mayor confrontación con aquellos que, ahora organizados en el Consulado de Comercio de Guatemala, no medían los efectos de las políticas de exacción a las economías locales. En la crisis no sólo los pequeños y grandes añileros se vieron afectados, también la población, que era la fuerza de trabajo para cualquier actividad, como los indígenas, fue perjudicada. A estos últimos, que por la reestructuración del sistema fiscal les habían quitado la obligación de pagar algunos impuestos, medida que nunca se llevó a la práctica, las autoridades locales los sujetaron a estricto control.

En consecuencia, ni la creación de intendencias, ni el libre tráfico comercial, ni la modificación de impuestos redundaron en un fortalecimiento colonial ni provincial. Lo positivo fue, nuevamente, que en medio de un mundo en profunda mutación intelectual y estructural se concibió la idea de subvertir el orden.

Los intereses de los más desposeídos obligaban a hacer hincapié en la injusticia social para evitar impuestos desiguales, la prolongación excesiva de la jornada de trabajo y los apremios físicos. Aquellos cuyos intereses estaban vinculados a la actividad económica fundamental reclamaban vigorosamente el derecho a controlar ellos mismos toda la comercialización y a terminar con los aranceles, las cuotas de fletes o la fijación de precios efectuada por capitalinos. Los afectados eran fundamentalmente los criollos, aunque también los mestizos, sobre todo los pequeños productores. Como todos los estratos sociales estaban ligados de alguna manera al eje de la economía, el descontento se desencadenó y se hizo general. Al clamor de autonomía para la provincia se sumó la reivindicación eclesiástica: se demandaba la creación de un obispado en la intendencia. Este reclamo buscaba reforzar la defensa de la autonomía local y creó durante varias décadas una confrontación permanente con las autoridades guatemaltecas, respaldadas por el arzobispado. Los religiosos salvadoreños eran, por lo general, criollos y, algunos de ellos, hacendados poderosos, por lo que no fue extraño que tomaran una postura antigubernamental.

Poco a poco, y como parte de esa disputa que colocó en polos opuestos a San Salvador y a Guatemala, la intendencia se fue constituyendo en baluarte de la defensa provincial. Esta situación se repitió cuando, durante los años de anarquía, El Salvador independiente acuñó el ideal liberal y federal en las luchas políticas.

CAPÍTULO III

La independencia

CIRCUNSTANCIAS FAVORABLES PARA LA RUPTURA DEL ORDEN COLONIAL

Los últimos años de la Colonia fueron sacudidos por una profunda crisis política y económica metropolitana que repercutió en una convulsionada capitanía general de Centroamérica.

Cuando en 1808 Napoleón Bonaparte invadió España, con lo cual satisfizo su viejo deseo de poseer el territorio que le otorgaría, por su valor estratégico, el dominio sobre la costa atlántica europea, en las colonias se incrementó el descontento por el orden imperante y el deseo emancipador. La invasión napoleónica condujo a la abdicación de los monarcas españoles y con ella a la coronación de José Bonaparte como soberano de España. Desde entonces el movimiento liberal conbró fuerza, el propio soberano buscó obtener el consenso de los metropolitanos y promulgó la Constitución de Bayona. Ésta recoge las reivindicaciones liberales de la época: garantías individuales, eliminación de la inquisición y anulación de impuestos y alcabalas junto con libertad en el agro, la industria y el comercio. Sin embargo, los españoles fueron más allá de lo que ofrecía la monarquía, organizaron un "movimiento juntista" que destruyó las tradiciones sobre las que se sustentaba el régimen monárquico. Así, en lo inmediato, se constituyó un gobierno paralelo al bonapartista que controló una pequeña zona en el sur de España, pero que contó con la aprobación de la mayoría de las colonias hispanoamericanas. Entre 1810 y 1813 las Cortes de Cádiz fungieron como la institución que tuvo en sus manos la responsabilidad de dirigir la resistencia. Si bien reivindicaban la legitimidad de Carlos IV y su hijo Fernando VII como auténticos soberanos de España, introdujeron innovaciones liberales en relación a la participación política del pueblo y marcaron el ingreso a una nueva modalidad de configurar los organismos que dirijieron los destinos nacionales.

La penetración del liberalismo en España no sólo se reflejó en las Cortes de Cádiz sino que se plasmó en la Constitución de 1812 que éstas elaboraron. En ella se estableció la igualdad de todos ante la ley y se decretó la elección popular de los cabildos. Como los juntistas buscaban el mayor apoyo posible de la América española para que las instituciones coloniales los reconocieran como auténtico gobierno metropolitano, florecieron en todas las posesiones de Hispanoamérica cabildos soberanos que resolvían asuntos locales y designaban autoridades. Otras formas institucionales surgieron como fruto de la invasión francesa y la consecuente crisis monárquica española, entre ellas las diputaciones provinciales, cuya creación fue decretada por la Constitución de Cádiz.

En el reino de Guatemala se dispuso la creación de dos diputaciones, una en la capital y otra en León. A pesar de que se quería privilegiar la autoridad de los nuevos organismos en relación a los tradicionales, es decir, que se buscaba que las diputaciones fueran desde el punto de vista jurídico el principal órgano de gobierno, en detrimento de la capitanía general, la realidad mostró solamente un incremento de las instancias gubernativas. Así coexistieron capitán general, intendentes, gobernadores y diputados provinciales.

Varios acontecimientos externos a las propias colonias fueron dando cuerpo a la independencia y brindaron sus bases ideológicas. Sin duda, de las revoluciones francesa y norteamericana se extraen las ideas fundamentales, pero las reformas borbónicas y la Constitución de Cádiz permitieron experimentar la posibilidad del desarrollo autonómico.

Con las reformas se incrementó el espíritu localista ya que fortalecieron el poder político por medio de las intendencias y a través de la liberalización del comercio, y con las diputaciones se robusteció el sentimiento local en relación a la autodeterminación provincial. Los mismos provincianos se ejercitaban en el manejo de las funciones públicas, adquiriendo experiencia y, sobre todo, el convencimiento de sus posibilidades de gobernarse. No fueron ajenos a este contexto, generador de influencias alteradoras del *statu quo*, los acontecimientos mexicanos de 1810 y la presencia de caudillos como Hidalgo y Morelos, que resultaron figuras anheladas por el movimiento centroamericano. Aparecen en esta etapa estrechos vínculos entre el acontecer centroamericano y el mexicano. Morelos llegó con su Ejército del Sur hasta Chiapas, logrando atemorizar a las autoridades españolas y a la oligarquía capitalina, las cuales buscaron por todos los medios prohibir la entrada de cualquier información sobre aquellos caudillos y sus acciones en alguna parte de Centroamérica.

A esto hay que agregar que en el escenario ístmico la doble opresión ejercida, por un lado, mediante la práctica institucional de la Corona y por el otro, con la dominación de la oligarquía guatemalteca, compuesta por comerciantes ultramarinos y grandes hacendados de los tintes, se configuró en una peculiar rebeldía que alteró la clásica confrontación colonial. Guatemala, como se ha reiterado, concentró todo el poder, y el monopolio comercial, y con especial fuerza subordinó el desarrollo de las economías locales. Casi por demás está puntualizar que los beneficiarios de este orden de cosas no manifestaron intenciones de cambiarlo ya que su estrecha vinculación con la metrópoli les garantizaba grandes privilegios. De ahí que el impulso subversivo partiera de donde existían condiciones más propicias, es decir, las provincias doblemente explotadas. Sin embargo, lo anteior no invalidó que a la hora que convergieron todos los elementos disruptivos del antiguo régimen, el poder dual existente no hizo más que reforzar el desmoronamiento colonial.

De tal forma, en medio de una profunda crisis colonial, integradora tanto de las contradicciones metropolitanas como de aquellas propias de los territorios dominados por el imperio, comenzó a apoderarse de los sectores criollos la idea de liberarse de una vez de peninsulares y guatemaltecos. Éstos, como se ha anotado más arriba, eran en su mayoría hacendados y grandes comerciantes y por esta razón eran los más interesados en mandar sin intermediarios. Ello no significaba necesariamente el deseo de una independencia absoluta, que no fue anhelada por todos los sectores, pero la fuerza de diversas reivindicaciones le abrió el camino de su definitiva imposición. Otros grupos del abigarrado tejido social centroamericano, pertenecientes a sectores y clases disímiles a los criollos, tenían poco que perder y los embargaba la esperanza de que una mutación del poder conduciría a un régimen más justo. Paulatinamente primero y después con fuerza hicieron sentir sus demandas sectoriales.

LA LUCHA POR LA EMANCIPACIÓN

La historiografía decimonónica recoge en sus páginas aquellos primeros estallidos desordenados de rebeldía, a los cuales se designa como "movimientos precursores" de la independencia. El istmo fue escenario, durante el lapso comprendido entre 1811 y 1814, de varias de estas manifestaciones que se distinguieron unas de otras por su mayor o menor intensidad subversiva y por el diverso significado de las demandas. En este sentido, las acciones más importantes se desarrollaron en San Salvador en aquellos dos años extremos, en León durante 1811 y al año siguiente en Granada y en Guatemala, donde tuvo lugar la conocida "conspiración de Belén" durante 1813. La alta participación popular en el área salvadoreña y nicaragüense otorgó magnitudes significativas a esos levantamientos.

Otra vez en 1812 vuelve a estallar una rebelión en Nicaragua. Tegucigalpa no se mantuvo ajena al descontento y sus habitantes se amotinaron en oposición a la reelección de peninsulares para la alcaldía, y hasta en el marginado territorio de Costa Rica surgió una protesta contra el estanco del aguardiente y del tabaco. San Salvador resultó la cuna de los movimientos más radicales. Esta situación no resulta ajena a la historia de disputas entre la capital del reino y la provincia, cuyo desarrollo económico y social fue conquistado gracias a su condición de principal productor de añil y que también la llevó a soportar las más altas exacciones impuestas por los oligarcas guatemaltecos. No fue gratuito entonces que allí residiera el grupo más importante de liberales y que la provincia fuera, desde siempre, el polo de la oposición al régimen imperante.

Entre 1811 y 1814 se registraron una serie de revueltas cuyas causas fueron las usurpaciones de tierra, la imposición aún mayor de impuestos, las violaciones a reglas institucionales establecidas por los propios peninsulares y la siempre presente problemática de los derechos locales o provinciales. La situación a fines de la Colonia era entonces caótica tanto institucional como socialmente.

Siendo intendente de San Salvador Antonio Gutiérrez y Ulloa, en 1811, los locatarios venían resistiendo desde tiempo atrás la política del mal trato que las autoridades practicaban también en el espacio eclesiástico. Los sansalvadoreños padecían el autoritarismo y la imposición del arzobispado de Guatemala, a cargo de Ramón Casaus y Torres. Éste, consciente de la rebelión de algunos clérigos, desde que asumió su cargo desplegó toda clase de medidas coercitivas. En el ámbito político, y ante la insistencia de las otras autoridades de que se tramaba una conspiración en la conflictiva intendencia, el capitán general José Bustamante y Guerra envió recursos para enfrentar cualquier revuelta, ya pronosticada por publicaciones y declaraciones antipeninsulares. Sin embargo, a pesar de estos ejercicios represivos no se puede pensar en un movimiento organizado y menos aun en un plan concebido previamente.

Los hechos sólo muestran una serie de levantamientos que abarcaron todos los ámbitos de la provincia salvadoreña durante los meses de noviembre y diciembre de 1811; lo que desencadenó las protestas fue la aprehensión en Guatemala de uno de los hermanos Aguilar, el presbítero Manuel. Estos hermanos, junto con José Matías Delgado, se destacaron en estos años por su voluntad política de cambiar la situación reinante. Ellos conjugaban su papel religioso con su condición de criollos, y en algunos casos con su pertenencia al grupo de grandes añileros. Esta combinación, si se quiere tan explosiva, en la medida en que les impedía violentar las normas establecidas por la Santa Sede, al mismo tiempo que sus intereses económicos los obligaban a luchar por la autonomía provincial, no estaba exenta de las ideas liberales venidas de Europa y Norteamérica. La postura de estos hombres fue contradictoria. Aunque alentaron la rebelión se antepusieron, en muchas oportunidades, al movimiento popular una vez que éste rebasaba los límites previstos por ellos. Esto no invalida la actitud ciertamente patriótica del cura Delgado en el momento de la independencia.

José Matías Delgado, criollo, clérigo y hacendado, nació en el último cuarto del siglo XVIII. Su juventud transcurrió cuando se extremaba la pugna entre españoles y criollos por la política gubernamental. Aunque de manera tardía, conoció el pensamiento de Montesquieu y compartió el principio de que las Indias eran lo principal y España lo accesorio. Se formó como teólogo y resultó un intelectual destacado para la época. Observó la situación de la colonia, lo cual lo llevó a propugnar por la independencia económica, política y religiosa. Su pensamiento y su acción lo volvieron altamente subversivo para el régimen. Desde el púlpito, en su casa y en la iglesia, contribuyó a la lucha conspirativa. De ahí que las autoridades de la capitanía lo calificaran como "dirigente oculto" de los ejecutores de la emancipación.

Dicho lo anterior, y en síntesis, lo que pasó en aquel mes de noviembre fue lo siguiente. La noche del día 4 un grupo importante de salvadoreños resolvieron protestar por la detención de Manuel Aguilar, y el intendente, de inmediato, se negó a responsabilizarse de aquel acto represivo. El clima de hostilidad contra los peninsulares crecía velozmente, así como la extensión del movimiento opositor. Un cabildo reunido al día siguiente eligió como representante de la "plebe" a Manuel José Arce, que luego de la emancipación sería primer presidente de la federación centroamericana, y en parte precipitó el derrocamiento de Gutiérrez y Ulloa. El equilibrio entre las fuerzas españolas, representadas por el intendente, y las populares, se rompió. Los criollos mantenían la dirección de los acontecimientos y, dada la destitución de la autoridad colonial competente, tomaron en sus manos las riendas institucionales. Mientras tanto prometían a las masas populares la satisfacción de sus demandas al tiempo que las calmaban para evitar que el estallido condujera a una confrontación definitiva con el régimen, lo que estaban tratando de eludir, más aún, si ésta podía provocar que la propia plebe obtuviera la conducción del movimiento.

El estallido subversivo repercutió en otras poblaciones vecinas: también se levantaron San Pedro Grande, Santiago Nonoalco, Usulután, Chalatenango, Tejutla, Santa Ana, Metapán, Cojutepeque y Sensuntepeque. Otras ciudades, en cambio, respondieron contrariamente a esta ola de levantamientos que cuestionaban a las autoridades españolas y en algunos casos enviaron cartas a la capital reafirmando su lealtad. Dado el delicado equilibrio de fuerzas, la masa de mestizos e indígenas sublevados era mayor incluso que la posible alianza de criollos y peninsulares y no dejaba de demandar la eliminación de impuestos. Debido a lo que podían perder los españoles, el capitán general valoró la situación y dispuso como lo más conveniente una salida pacífica. De esta forma, en vez de enviar un ejército, mandó rumbo a San Salvador a dos criollos guatemaltecos para que se hicieran cargo del gobierno; uno de ellos fue confirmado como intendente, lo que significaba, en la práctica, aceptar la deposición llevada a cabo por los rebeldes. Asimismo, un cambio de política era evidente, ya que la autoridad peninsular de antes había sido sustituida por una criolla.

De manera momentánea y, si se quiere, artificial, la situación se estabilizó. Ello no impidió la oposición abierta entre el intendente criollo, José María Peinado, y el movimiento de distintas fuerzas que unía criollos, mestizos e indígenas. Durante los años 1812 y 1813 las demandas se intensificaron y el intendente organizó un cuerpo especial de represión denominado "voluntarios honrados de Fernando VII". La política que siguió Peinado fue amedrentar a los opositores por medio del terror y anular todo posible cargo que hubieran ganado en las instituciones gubernativas.

De acuerdo con los dictámenes de la Constitución de Cádiz se realizaron elecciones para designar a las autoridades municipales. Ya que el resultado de estos comicios respaldó el movimiento opositor, el intendente resolvió anular tres de ellos. Sin embargo, la fuerza de Peinado no era tan grande como para invalidar siempre las votaciones por lo que tuvo que respetar, finalmente, uno de los resultados. Así fue como Pedro Pablo Castillo, uno de los mestizos más destacados de los levantamientos del once, resultó designado alcalde segundo de San Salvador. Las figura de Castillo sobresalió en el movimiento emancipador porque reunía la escasa condición conjunta de mestizo y de dirigente político con amplio reconocimiento social. Además de Castillo, de entre las filas subversivas surgieron otros candidatos que ocuparon cargos de elección popular, pero fue él quien encabezó una nueva confrontación con el decadente régimen colonial que, según el escritor Manuel Galich, tuvo un contenido "comunero", por los fines inmediatos que proponía y por el desconocimiento radical a las autoridades españolas. Castillo y sus seguidores exigían la libertad de dos alcaldes de distrito que el intedente había detenido. La constitución de una "junta de notables", integrada por los conocidos Manuel José Arce, Juan Manuel Rodríguez y Santiago José Celis, entre otros, logró que el intendente otorgara la libertad a los alcaldes y exhortó a Castillo a que depusiera su rebeldía en virtud de la generosa actitud de Peinado. El movimiento opositor se fracturó ya que el alcalde segundo no aceptó la conciliación de la junta. Los criollos consideraron que ya no obtendrían más triunfos; los mestizos y los indígenas demandaron, a su vez, la disolución del cuerpo de "voluntarios" o, al menos, su desarme. La represión se extendió y recayó hasta sobre los "notables" conciliadores. Castillo tuvo que fugarse a Jamaica y las consecuencias de esta rebelión resultaron más trascendentes que las de 1811.

Los resultados no fueron ajenos a lo que sucedía en España, donde se restauró la monarquía borbona, Fernando VII se convirtió en soberano y se vislumbró de inmediato una oleada antiliberal que buscaba terminar con los aires renovadores.

Cabe reflexionar brevemente acerca del contenido de estos movimientos precursores. La historiografía tiene interpretaciones disímiles sobre esta manifestación histórica y sus actores. Dos ejemplos representativos de estas visiones contrapuestas son los de Alejandro Dagoberto Marroquín y Alejandro Marure.

La interpretación tradicional la expresa Marure, quien señala que fueron dos curas de San Salvador, José Matías Delgado y Nicolás Aguilar, junto con Juan M. Rodríguez y Manuel J. Arce, los que promovieron la idea de la independencia en el reino de Guatemala, y a partir de su convicción de emancipación llevaron a cabo, en su provincia, una conspiración contra el intendente Gutiérrez y Ulloa. Una vez cumplido el objetivo se daría el "grito de independencia". El pueblo no fue extraño a los acontecimientos, pero su participación fue simplemente la adhesión a un proyecto que no le era propio. Tanto para los sucesos de 1811 como para los de 1814 Marure consigna la misma conclusión. La pacificación fue posible gracias a la benignidad con que se trató a los insurrectos, expresada en la amnistía que el gobierno colonial concedió todos. Esta conclusión es idéntica para sendas coyunturas, e invalida la originalidad propia del movimiento más popular, es decir, el de los totalmente marginados, y reivindica la acción de los héroes como la única válida para los grandes acontecimientos. Los propios documentos históricos desautorizan este tipo de interpretación y, en este caso en particular, el acta de independencia de 1821 fue la que asentó esa abrumadora presencia de la masa —plebe o vulgo como se la denominaba—, que era temida por los cambios que podía producir.

Marroquín efectúa un análisis diametralmente opuesto y rescata el papel de ese pueblo amorfo. Sobre los mismos hechos apunta que los participantes en esta acción eran básicamente indígenas y mestizos y que se caracterizó por su espontaneidad. Estos movimientos fueron fugaces pero profundos dado que hicieron evidente la crisis general de la institución colonial. Los objetivos no estaban perfectamente diseñados, lo que provocaba cierta vaguedad en el planteamiento. Sin embargo, tenían la suficiente claridad como para manifestar el deseo de terminar con el gobierno de los chapetones, como les decían a los españoles, y preferir, en su lugar, una administración criolla. Ésta debería, entre otras tantas cosas, suprimir los gravámenes que ahogaban la economía familiar de los sectores más numerosos de la población. Según este autor, los criollos se unieron a este movimiento reivindicativo para capitalizar la fuerza combativa, y cuando ésta se les escapaba de las manos y podía conducir a un orden donde ellos no determinarían el rumbo a seguir, procuraron, por todos los medios, frenar el ímpetu revolucionario. También los españoles jugaron a controlar el descontento de los grupos emergentes aprovechando su debilidad en esta confrontación, la que a su vez muestra el desmoronamiento colonial. Estas apreciaciones, particularmente respecto a la conducta de los criollos, se basan en los llamados "procesos por infidencia". Éstos se llevaron a cabo luego de los levantamientos y por ellos pasaron connotadas personalidades, los criollos más ilustres, que dejaron expresa constancia de que debían frenar el impulso subversivo de la plebe. Asimismo no titubearon en acusar a dirigentes, como Pedro P. Castillo, por su conducta radical en cuanto al programa demandado.

Desde todos los rincones del reino de Guatemala comenzaron a hacerse sentir un cúmulo de demandas que ponían en evidencia la debilidad de las instituciones vigentes. En San Salvador, en la medida que la idea de independencia iba tomando forma y calaba cada vez más en los diferentes sectores de la sociedad, las reivindicaciones se fueron perfilando con mayor claridad, ya que las expectativas criollas para el cumplimiento de sus demandas se anotaron en los petitorios que el ayuntamiento sansalvadoreño presentó a las Cortes de Cádiz. Sin embargo, es necesario penetrar en la urdimbre social de las postrimerías de la Colonia para detectar los diversos comportamientos de entonces, los que, en definitiva, llevan a cuestionar el razonamiento simplista que considera la independencia como un fenómeno fortuito del propio devenir centroamericano. Si bien el hecho mismo de la declaración de ruptura con España, y con cualquier otro Estado que quisiera ejercer algún tipo de tutela, sucedió de manera pacífica, existe una historia previa de combate en defensa de aspectos múltiples que con el tiempo tomó forma y, más que ello, se hizo ideológicamente clara.

De ahí que, en la medida en que se agudizaban los conflictos sociales y económicos, cada sector exigió más enérgicamente sus peticiones, que eran esbozos de soluciones para transformar el orden imperante. El marco referencial de estos esbozos es la ideología liberal; la influencia doctrinaria europea y norteamericana fue recibida pese al control intelectual que ejercía sobre la región la Universidad de San Carlos de Guatemala, donde todavía dominaban las ideas absolutistas. A pesar de esto, los clubes y las tertulias sociales cumplieron un papel primordial en la divulgación del nuevo pensamiento. En San Salvador, donde la postura contestataria tenía tanta fuerza, la penetración del liberalismo violó cualquier control. Claro que la práctica liberal en la región, y en la provincia en particular, manifestó desde sus inicios una esencia paradójica: la reivindicación por la soberanía popular se expresaba aunada a la negación de la capacidad política del pueblo.

Un sector relevante de los criollos salvadoreños, quienes en un principio aspiraban a una monarquía constitucional, adoptó esta ideología. También se adhirieron al liberalismo los mestizos, pero le adjuntaron una demanda más radical: independencia absoluta de España. Los indígenas oscilaban entre una y otra propuesta y su mayor deseo era la supresión de tributos y trabajos forzosos, así como la obtención de tierras para laborarlas al margen de otros sectores sociales. Marroquín ha hecho un intento por ordenar lógicamente aquellas peticiones, muchas veces desordenadas. Su análisis, que trata de la sociedad en los albores de la independencia, para el caso de los criollos, parte de las instrucciones que el ayuntamiento diera a los diputados de las Cortes en 1820. Logró agruparlas en sendos núcleos, uno político y otro económico. En virtud de las características de la confrontación en el interior del reino y por la tan reiterada oposición a la capital como polo de otra dominación, se distinguen en el núcleo político dos aspectos: uno relacionado con el gobierno metropolitano y otro que se refiere a los requerimientos hechos a las autoridades capitalinas. A la metrópoli se le exigía terminar con el absolutismo y en su lugar crear una monarquía constitucional donde reinara la democracia, y que hiciera posible una igual participación de criollos y peninsulares. De tal forma todos los privilegios quedarían suprimidos y se instaurarían los derechos liberales. Por su parte, a Guatemala se le demandaba la autonomía provincial y la consecuente descentralización política y administrativa, eliminando con ella los cargos administrativos relevantes. En el núcleo económico aparecieron todos los pedidos relacionados con la liberalización de las actividades comerciales e industriales. En cuanto a la industria, existía la preocupación por el aprovechamiento de las materias producidas en la provincia. También se hacía referencia a la anulación de mayorazgos, amortizaciones eclesiásticas y diezmos, y se proponía la reforma tributaria y la liberación de la mano de obra.

En lo expuesto casi no hay referencia específica a la situación del indígena. Sin duda la incorporación de sus intereses generaría una contradicción adicional con los criollos más recalcitrantes.

Los mestizos manifestaron, mediante un programa menos elaborado pero con mayor énfasis radical, sus anhelos de transformación. Éste se orientaba hacia la emancipación absoluta, el establecimiento de un régimen republicano y la realización efectiva de los principios emanados del ideario revolucionario francés. Como el sistema colonial contaba con un conjunto de costumbres, ordenanzas y leyes que dificultaban las actividades comerciales e industriales de los mestizos, éstos reclamaron la anulación de toda clase de impedimentos para su ejercicio.

Se desprende de este análisis que las distinciones entre lo demandado por uno y otro grupo correspondía a sus disímiles condiciones socioeconómicas. Los criollos, por su posición de grandes hacendados añileros y comerciantes, defendían el derecho a la propiedad, aunque éste fuera de peninsulares, y eran contrarios a un gobierno del pueblo. Es ilustrativa al respecto la referencia que aparece en la *Relación Histórica* con motivo de los sucesos del 5 de noviembre de 1811. En ella se dice que al vulgo no le fueron concedidas las luces suficientes para acertar en materia política, por lo que alguna "cabeza distinguida" planeó los acontecimientos. De boca en boca y de pueblo en pueblo se fueron transmitiendo las narraciones sobre el enfrentamiento al dominio español que iban sucediendo en otras latitudes de

Hispanoamérica. Así, las hazañas de Hidalgo, Morelos y del propio Bolívar se convertían en hechos dignos de imitar, pero se difundía la sensación de que se carecía de individuos decididos para dirigir la usurpación del poder. Por esta sentida ausencia de conductores propios, aquellos héroes extranjeros fueron los deseados y ejemplares dirigentes del movimiento regional.

En las otras provincias del reino la tensión social también había llegado al extremo tolerable para mantener el equilibrio institucional y sus demandas se hicieron presentes en la metrópoli mientras funcionaron las Cortes. La nicaragüense y la costarricense requirieron de esa instancia la constitución de una capitanía general con audiencia propia en su territorio. La provincia hondureña solicitó que se le reinstalara la administración de los puertos Omoa y Trujillo, en virtud de que el control guatemalteco sobre los mismos, desde hacía tiempo, la había privado de una fuente importante de ingresos aduanales.

Alrededor de 1820, incluso a través de la prensa, se hicieron evidentes las ideas que orientarían el desarrollo de los acontecimientos en la región. Dos destacadas figuras centroamericanas, representantes de lo que a la larga serían los partidos liberal y conservador, manifestaron a través de los periódicos sus proyectos. Pedro Molina, intelectual guatemalteco, expuso las ideas más transformadoras en *El Editor Constitucional*; luego se convertiría en presidente de su Estado. El "sabio" José Cecilio del Valle, hondureño de nacimiento e hijo de españoles, funcionario de la Corona y defensor de las ideas conservadoras, se caracterizó por su peculiar desarrollo intelectual que brindó a la región en su conjunto. Por medio del periódico *El Amigo de la Patria* expuso sus opiniones mesuradas y más tarde jugó un papel importante en la declaración de la independencia y en el inmediato reordenamiento de los nacientes Estados.

En España, con el retorno del absolutismo en 1814 y una vez que se retiraron las fuerzas francesas y que Fernando VII fue coronado como soberano, se abolió la Constitución de 1812 y se marginó al movimiento que luchó contra Napoleón. Sin embargo, un estallido liberal en la propia metrópoli, dirigido por los comandantes Quiroga y Riego, obligó a poner otra vez en vigencia la anulada Carta Magna. Fue durante esta coyuntura cuando se llevaron a las cortes españolas muchas de las reivindicaciones provinciales. Las medidas tuvieron un marcado corte liberal y repercutieron en el reino de Guatemala, donde la oligarquía capitalina y el alto clero fueron los sectores que resultaron afectados. Esto les dificultó mantener el orden y la tranquilidad social en la franja ístmica.

PROCLAMACIÓN DE LA INDEPENDENCIA

La causa de la independencia iba ganando cada día más adeptos. No fue, sin embargo, la llegada de un anhelado Bolívar u otro héroe lo que finiquitó formalmente los tres siglos de orden colonial, sino dos acontecimientos, uno resultante del otro: el levantamiento liberal metropolitano y la independencia mexicana. La sublevación en España repercutió en las colonias y particularmente en Centroamérica, ya que no pudo permanecer ajena al torrente emancipador continental y a la reacción de los partidarios del absolutismo que, temerosos ante el peligro liberal, resolvieron declarar la independencia.

Otra vez México influyó en el proceso centroamericano. Su sector conservador hablaba de romper con España ante el fracaso de los absolutistas y de rescatar a Fernando VII colocándolo en una corte *ad hoc* en México. Los liberales, en cambio, veían la situación como propicia para una salida radical e irreconciliable con respecto a España y sus soberanos. Pero al fin el esfuerzo por definir la situación se hizo mancomunado y acaeció la independencia. Así los prorrealistas, encabezados por Agustín de Iturbide, tomaron el poder y el 24 de febrero de 1821 proclamaron el Plan de las Tres Garantías, entendidas como religión, unión e independencia. El documento, también conocido como Plan de Iguala, trascendió hasta el reino de Guatemala y recogió muchas adhesiones.

De febrero a septiembre del mismo año, los hechos se fueron precipitando hasta que liberales y conservadores centroamericanos debieron resolver qué actitud tomar, aunque titubeando, unos por temerle a Iturbide y otros por no estar seguros de la magnitud de las fuerzas mexicanas como para brindarles su apoyo.

Chiapas, en estas circunstancias, fue la primer provincia de la región que apoyó el Plan de Iguala. Desde entonces dejó de pertenecer al territorio político centroamericano.

Sin enfrentamientos cruentos, de manera pacífica, se consumó la independencia en esta estrecha franja continental. A ello accedieron los beneficiarios del régimen colonial en la medida en que no serían despojados de sus privilegios económicos, sociales y políticos. Consecuentemente, esto significaba que la región no sufriría muchos cambios importantes. El día antes de la proclamación, el aristócrata guatemalteco Mariano de Aycinena señaló que la misma no debía representar cambio alguno ni en los funcionarios gubernamentales ni en el jefe político, es decir, el capitán general. Y tal como lo deseaba el sector por él representado, el 15 de septiembre de 1821 se declaró la independencia. En lo inmediato, consistió en un gobierno constituido por las mismas autoridades que hasta el día anterior habían sido designadas por la monarquía española. Por lo tanto, Gabino Gaínza devino en jefe político y lo novedoso fue la creación de una "junta provisional consultiva" que lo asesoraría pero que, como es obvio, se integró con los representantes de los más poderosos intereses coloniales.

El acta de independencia recoge las vacilaciones de los sectores deseosos de la emancipación. Ítalo López Vallecillos analizó este documento, de donde se desprende que la independencia se declaró abiertamente y no se proclamó la posibilidad de adherirse al Plan de Iguala como lo hizo un congreso posterior; tampoco se especifica la forma de gobierno, sino que lo único que se legisla es la formación de la mencionada junta. De ahí que los representantes del conservadurismo criollo, constituidos en asamblea, acordaron el Acta acuciados por los mismos motivos que sus homónimos mexicanos, mientras que los liberales, encabezados por José Matías Delgado, apoyaron tan magna resolución en el entendido de que se trataba de un camino sin retorno. Pero, sin duda, el pronunciamiento radical se precipitó por la fuerza del pueblo en las calles, como quedó grabado para la historia en la propia Acta. Ahí se anota que, siendo la independencia del gobierno español la voluntad del pueblo de Guatemala, el jefe político la manda publicar para prevenir las consecuencias que serían terribles en caso de que la proclamase el pueblo mismo.

La noticia de lo acordado en Guatemala circuló rápidamente por la región. En muchos casos, aún sin recibir los documentos, se pronunció la aceptación. Sin embargo, en estos actos de reafirmación del acontecimiento, se hicieron presentes todas aquellas contradicciones que prevalecían en la sociedad colonial. El sentimiento localista, fruto de la opresión que padecieron las provincias a consecuencia de la dominación guatemalteca, se fortaleció en la medida en que se vio la posibilidad de librarse no sólo de España sino también, y sobre todo, de Guatemala. Así surgió la polémica y la discrepancia entre grupos: unos, en el momento de jurar la independencia, resolvían aceptar el Acta de Guatemala y enviar sus representantes a la capital en el entendido de que se constituiría un congreso que daría las bases legales para un nuevo régimen; otros decidieron unir su suerte al destino mexicano. La primera postura se dio en Tegucigalpa, San José, Granada y San Salvador, donde se acuñó el sentimiento liberal y republicano y fueron a Guatemala en el infructuoso intento por consolidar la independencia absoluta. Comayagua, Cartago y León, exponentes de la segunda postura, proclamaron su anexión a México.

La noticia llegó a San Salvador el 21 de septiembre y el mismo mes se recibieron al unísono el Acta y el manifiesto del jefe político Gaínza. Entonces la intendencia quedó a cargo, en carácter de interinato, de Pedro Barrière. Éste convocó a los miembros del ayuntamiento y a otros personajes de la sociedad colonial como el cura vicario, los jefes militares y los vecinos principales de la ciudad; a la reunión asistieron también los pobladores llamados por el repiquetear de las campanas de la iglesia y por fuegos artificiales. Primero en la catedral y luego en el ayuntamiento se llevaron a cabo distintas ceremonias que concluyeron con la toma del juramento al intendente Barriere, en el que se comprometió a ser fiel a la forma de gobierno que se estableciera y a las leyes que se sancionaran.

Desde el día 21 hasta el 29 se desarrollaron gran número de fiestas populares que conmemoraban el acontecimiento. Luego se procedió a la elección de la junta subalterna integrada por siete miembros. Su función no difería de su igual guatemalteca: las dos iban a limitar y luego a eliminar, en la medida en que consolidaban sus posiciones, a las autoridades peninsulares ahora reafirmadas en sus puestos. Así, anota Carlos Meléndez, mientras se inicia la actividad de la junta en San Salvador, se definían dos bandos: por un lado, quienes bregaban por mantener el estado de cosas, los conservadores, representados por las figuras del vicario Ignacio Saldaña y de Juan Viteri; por el otro, los liberales, cuya personalidad más destacada era Manuel José Arce.

La declaración de independencia ocasionó de inmediato un conflicto gubernamental. Pedro Barriere, temeroso de que las fuerzas liberales en la junta acapararan el poder, desató de inmediato la represión y encarceló a sus líderes más notorios: Manuel José Arce, Juan Manuel Rodríguez, Domingo Lara y otros. En Guatemala, al recibirse la noticia de la crisis salvadoreña, se ordenó la salida de un comisionado con el mandato de restablecer el orden. Dicha elección recayó sobre el padre Delgado.

Delgado, una vez en su tierra, dio la orden de liberar a los presos y eliminar el cuerpo de voluntarios, despertando el júbilo del pueblo. Al mismo tiempo, a Barriere no le quedó otro camino que retirarse; con la salida del exintendente se cerró por completo la era del dominio colonial español. Entonces se designó soberanamente una junta provincial integrada por el propio Delgado, Arce, J. M. Rodríguez, Leandro Fagoaga, Miguel José Castro, M. Fornos y Basilio Zeceña.

ANEXIÓN A MÉXICO: UN COMBATE SIN TREGUA

La independencia del antiguo reino resultó, en realidad, sólo formal. Al sentirse imposibilitada para organizar un sistema comandado por ella misma, la oligarquía guatemalteca optó por la anexión al imperio de Iturbide; de esta manera se aseguraba el respaldo suficiente para mantener el *status* colonial. En la práctica se cambiaba la protección de la España imperial por un México conservador y monárquico. La contrapartida fue que Iturbide y las fuerzas conservadoras mexicanas satisfacían así sus aspiraciones de extender las fronteras de su territorio.

El 5 de enero de 1822 se realizó la anexión y con ella se inició una etapa de hostilidades y enfrentamientos militares entre las fuerzas proclives a la integración, entiéndase Guatemala con el apoyo militar mexicano, y las antianexionistas, cuyo símbolo fueron las sansalvadoreñas. Éstas resistieron, como se verá más adelante, hasta último momento al ejército invasor, pero finalmente fueron sometidas. Para entonces —febrero de 1823—, Iturbide fue obligado a abdicar de modo tal que la derrota se convirtió en triunfo.

San Salvador y San Vicente se convirtieron en el bastión de la lucha contra la integración al imperio; en ellas se produjeron numerosos levantamientos en defensa de la autonomía provincial. En sentido contrario se expresaron Santa Ana y San Miguel, en virtud de lo cual se separaron de la provincia y se adhirieron al acta del 5 de enero de 1822.

Ante la protesta sansalvadoreña y su resolución de separarse definitivamente del acontecer guatemalteco, y debido a la postura discre-
pante de Santa Ana y San Miguel, Gabino Gaínza dispuso la separación de las mismas y su inmediata inclusión en Sonsonate. Asimismo
ordenó declarar la guerra a sus opositores de siempre. La defensa que
de sus decisiones soberanas hacen los hombres de San Salvador y San
Vicente es una expresión más de una nacionalidad en ciernes. Gaínza
desata un ataque al Estado salvadoreño cuando separa las localidades anexionistas uniéndolas a Sonsonate; ante ello, Arce se dirigió a
Santa Ana para proteger la unidad nacional. El historiador Manuel
Vidal anota en su obra que esta acción es considerada como el "bau-
tismo de sangre de la libertad salvadoreña". Las figuras de Delgado,
Arce y Juan Antonio Villacorta sobresalen en esta coyuntura de ro-
bustecimiento de lo nacional.

Durante casi todo el periodo en que se sostuvo la anexión, entre
enero de 1822 y marzo de 1823, San Salvador permaneció en estado
de guerra. Más arriba se ha apuntado que mientras estaba siendo derrotado Iturbide, el ejército del general Vicente Filisola triunfaba sobre el provincial. Filisola era un militar italiano al servicio del emperador Agustín de Iturbide.

Mientras se protestaba por la anexión, el gobierno tomó una de las
decisiones más controvertidas de la historia del siglo pasado: aprobó
la integración a los Estados Unidos de América, en diciembre de 1822,
y envió una delegación, que no cumpliría su cometido, a solicitarla
oficialmente. Entonces, Delgado dirigió un manifiesto al pueblo, en
el cual justifica la postura del gobierno frente al imperio mexicano y
el recurso de solicitar ingreso a la unión federativa del norte. Todavía,
en quel momento, ésta representaba un ejemplo a seguir para los movimientos emancipadores por su apego a los ideales de libertad y democracia. De ahí que se concibiera la anexión como una forma de lograr la protección necesaria para el cumplimiento de aquellos ideales.
Los comisionados que fueron a solicitar la anexión no hicieron el
planteamiento porque se estaba definiendo el conflicto y esperaron
su desenlace.

En síntesis, los hechos de la etapa anexionista sucedieron así:
Gaínza invadió, y Arce fue a defender Santa Ana enfrentándose con
Abos Padilla. Mientras tanto, y en aras del equilibrio político, se le
propuso a José Cecilio del Valle la jefatura salvadoreña. Éste no la

aceptó por temor a las consecuencias negativas para su relación con Iturbide, ya que era diputado en el Congreso del Imperio. Con el coronel Manuel Arzú como jefe, las fuerzas guatemaltecas entraron en San Salvador. Sin embargo, a pesar de haber llegado hasta allí, el ejército no era lo suficientemente poderoso como para aplastar la rebeldía del pueblo. En este momento es cuando los guatemaltecos le piden colaboración al ejército mexicano. Dice Marure que, a cambio de dominar a los salvadoreños, los guatemaltecos se resignaron a ser mandados por extranjeros. Ahora es cuando el general Filisola interviene en la confrontación. La magnitud del combate nacional era tal que el propio invasor da cuenta de la fuerza de su enemigo en sus misivas al emperador. Roque Dalton, escritor salvadoreño, recoge en una de sus obras las palabras de Filisola. Éste expresa su certidumbre de que las ideas liberales han penetrado con tal magnitud en San Salvador que lo hacen la cuna del liberalismo centroamericano y convierten al cura Delgado en su principal y su más firme dirigente, en la medida en que mantiene firmes lazos con otros correligionarios del istmo como los guatemaltecos José Francisco Barrundia, Pedro Molina y José Francisco Córdova. A propósito de unos diálogos entablados con sus enemigos, el general Filisola advierte que se trató, por parte de los salvadoreños, de maniobras tácticas en aras de debilitar aún más a los ocupantes. Durante las conversaciones participaron José Antonio Cañas y Juan Francisco Sosa por los salvadoreños, y en nombre de la vieja capital del reino concurrieron mexicanos. Los primeros manifestaron que debía reconocerse su congreso, que establecía las formas democráticas; reclamaron límites territoriales y se opusieron bajo cualquier circunstancia a unirse al imperio.

En tanto Filisola consignaba lo anterior, se sucedían actos de apoyo a la independencia absoluta en otras partes de la región. Un ejemplo fue el levantamiento granadino, dirigido por Cleto Ordóñez en enero de 1823, que reivindicaba la proclamación de la república.

Así las cosas, el 9 de febrero de aquel año Filisola entró en San Salvador y venció la tenaz resistencia del pueblo y de las tropas, mientras en México, diez días después, Iturbide abdicó obligado por el pronunciamiento de Casa Mata. Sin embargo, los conservadores trataron de mantener el control sobre el territorio. Juan Vicente Villacorta luchó contra ellos en San Vicente hasta que en abril expulsó al ejército invasor. Filisola, que se había quedado con un triunfo inútil, convocó a un congreso centroamericano donde se decidiera el futuro de cada uno de los pueblos.

Tiempo después, las antiguas provincias del reino de Guatemala declararon su independencia absoluta. En cambio, Chiapas, por diversas circunstancias, debió dirimir entre seguir formando parte del territorio político centroamericano o unir su destino a la nueva República mexicana. En Ciudad Real, una junta gubernativa aprobó, en septiembre de 1824, la última alternativa sin la presencia de todos los delegados. El istmo, al contrario, iniciaría una nueva experiencia unitaria que quedaría grabada en los proyectos futuros de todos los centroamericanos: la República Federal.

CAPÍTULO IV

La unidad política regional

Una vez rotos los vínculos con el imperio mexicano, el intento federal que sucedió a la ruptura dejó profundas huellas en la sociedad centroamericana. Pese a su fracaso, el ideal de consolidar la unidad política de un territorio en el que se asentaban pueblos con múltiples y compartidas experiencias ha seguido presente hasta hoy. La actualidad de este ideal es compartida con el reconocimiento expreso a la figura del hondureño Francisco Morazán, héroe de la Federación y luchador hasta las últimas consecuencias por imponer la primera reforma liberal. Con ella comenzó el desmoronamiento de la estructura colonial y se pretendió que la unidad regional mantuviera las autonomías locales de los antiguos componentes de la capitanía o reino.

El proyecto federal heredó los lastres del pasado: nula experiencia de autogobierno, situaciones financiera y económica ruinosas y exacerbación de los conflictos locales y de las provincias con la vieja capital. A ellos se aunaban las ingratas condiciones geográficas que facilitaron la fragmentación del istmo, la constitución de pequeñas poblaciones, distantes unas de otras y con enormes dificultades para su comunicación fluida y la escasez de puertos adecuadamente situados.

A medida que se acercaba el momento en que cada uno de los Estados debía resolver su sistema político, la lucha entre liberales y conservadores se perfiló mejor. Así, entre 1823 y 1839, tomaron forma en la política centroamericana dos proyectos ideológicos contrapuestos: los liberales recogieron las ideas de la transformación política y social inspiradora de las revoluciones de fines del siglo XVII; los conservadores defendieron a ultranza el modus vivendi absolutista y sostuvieron, desde luego, la necesidad de que la Iglesia conservara su poder económico, político e ideológico en forma paralela al Estado quedando estrechamente ligada al poder estatal. Aunque en el discurso y en la práctica política parece fácil separar una propuesta liberal de otra conservadora, el devenir histórico demostró la confusión de intereses y, sobre todo, de actitudes expresadas durante el ejercicio gubernamental. Un mayor acercamiento a estas propuestas sirve para comprobar que los liberales, partidarios de una constitución republicana federal de los estados como la representada por el ideal norteamericano, pretendían la modernización del aparato de gobierno y querían la eliminación de todas las prebendas otorgadas a la Iglesia y la libertad de cultos. En cambio, los conservadores deseaban mantener el absolutismo como régimen de privilegio para unos pocos y de exclusión de la actividad política para la mayoría de los individuos, y para sostener el equilibrio entre gobernantes y gobernados necesitaban la doctrina cristiana y la Iglesia, como gran mediadora entre gobierno y pueblo. Por ello los conservadores fueron fervientes defensores del poder eclesiástico y, como correspondencia, las máximas autoridades religiosas eran militantes acérrimas del bando conservador. También requerían un poder férreo y unificado por lo que, en consecuencia, defendieron el centralismo. Por el contrario, los federalistas insistieron en un régimen político que salvaguardara una mayor autonomía provincial. En el ámbito centroamericano los exponentes clásicos de esta pugna eran Guatemala, centro del poder central, y San Salvador, cuna del poder provincial contestatario y aguerrido defensor de la autonomía local. De ahí que fueran los polos del enfrentamiento durante la federación.

En la etapa que comienza se vuelve aún más difícil aislar lo que acontecía en un lugar sin mencionar la unidad regional. Esta historia local y regional entretejida hace imposible tratar aisladamente el devenir salvadoreño.

LOS PASOS PREVIOS A LA CONSTITUCIÓN DE LA REPÚBLICA FEDERAL

Todo era adversidad al emerger los Estados. La carga colonial afloraba con todas sus fuerzas pese a la voluntad de los hombres de implantar una federación.

El primer Congreso Centroamericano, convocado por Vicente Filisola, se realizó en un clima de incertidumbre aunque los representantes acudieron con elevadas esperanzas sobre el porvenir de sus estados. Todavía se veía la presencia militar del imperio en las calles de la ciudad cuando, el 24 de junio de 1823, se reunieron en Guatemala los primeros delegados, más tarde llegó el resto. Chiapas fue el gran ausente; en adelante no participaría de la unidad política y administrativa del istmo. El número de delegados concurrentes era proporcional a los habitantes de cada lugar, según lo estipulado en el acta de independencia. La composición fue la siguiente: 28 por Guatemala, 13 por El Salvador, 11 por Honduras, 8 por Nicaragua y 4 por Costa Rica, lo que hacía un total de 64 representantes.

Esta reunión, autodenominada Asamblea Nacional Constituyente, se enfrentó a sendas tareas. Por un lado, constituirse en gobierno regional y ejercerlo idóneamente, y por el otro, diseñar una constitución, la primera que regiría a los nuevos estados en su forma de integración republicana. Esta asamblea fue presidida por José Matías Delgado y en ella se proclamó la independencia absoluta con respecto a España o cualquier otra nación y se denominó a la nueva república Provincias Unidas de Centroamérica.

La inexperiencia en el manejo gubernamental de los forjadores de la independencia y la inexistencia de gobiernos consolidados a nivel local hicieron más difícil la concreción de acuerdos generales. No es sino hasta 1826 cuando se podrá hablar de cinco gobiernos establecidos y otras tantas constituciones promulgadas.

El Salvador, después de incorporar el territorio de la antigua alcaldía mayor de Sonsonate, designó como jefe de Estado interino a Juan Manuel Rodríguez y promulgó la primera constitución de Centroamérica. Ésta avalaba la estructura federal para la región. Aunque El Salvador aportó un proyecto y hombres capaces de llevarlo a cabo encontró tropiezos en el camino de la integración. Éstos no sólo provinieron de la inexperiencia sino también de la confrontación de intereses, que se hizo patente entre liberales y conservadores y se expresó con nitidez entre federalistas y centralistas.

De manera provisoria, un ejecutivo tricéfalo y liberal —por unanimidad— se hizo cargo del gobierno de las provincias unidas. Dos salvadoreños, Manuel José Arce y Juan Vicente Villacorta, y un guatemalteco, Pedro Molina, se turnaron en la presidencia en tanto se acordaba la Carta Magna.

A partir del año 1824, fundacional de los estados centroamericanos, se consignó la plena libertad de expresión y se hizo más amplia la de imprenta, con lo cual todo tipo de literatura extranjera, otrora clandestina, recorrió legalmente los territorios ístmicos y amplió su difusión. Por el contrario, la libertad de cultos no prosperó. Es probable que el elevado número de católicos imposibilitara una disposición de esa naturaleza que conduciría a la práctica legal de otras religiones. La representación decretó también la eliminación de los títulos de nobleza y la abolición de la esclavitud. Esta última fue solicitada por el presbítero salvadoreño José Simeón Cañas en diciembre de 1823, arguyendo que si la nación se había declarado libre también lo deberían ser los individuos que la componían. En el terreno económico, la abolición no tuvo grandes consecuencias porque el peso de la mano de obra esclava en la producción no era significativo, aunque sí resultó importante para los esclavos de otras tierras, ya que propició que los beliceños buscaran su libertad escapándose hacia la jurisdicción de las provincias unidas.

Estas normas y decisiones fueron fruto de la discusión en el seno de la Asamblea Nacional. Como se ha mencionado, ambas corrientes lucharon por imponer su proyecto y con él a sus hombres. Los liberales, conocidos también como "fiebres" o "cacos", conquistaron el triunfo en esta ocasión, pero sus opositores, denominados "serviles" o "moderados", no perdieron su objetivo histórico de conquistar un poder que, radicado en Guatemala, subordinara al resto de las antiguas provincias bajo formas conservadoras.

La integración del primer ejecutivo centroamericano muestra el éxito liberal de entonces. Sin embargo, con el correr del tiempo los conservadores fueron ganando adeptos. Thomas Karnes opina que el temor de algunos sectores ante la implantación de un programa radical y el sistema de espionaje empleado por el ejecutivo despertaron creciente oposición. De esta forma, los serviles fueron ganando apoyo. Sin duda la mayor parte de este consenso, que fue transformándose en poder, radicaba en la capital guatemalteca.

Un hecho relacionado con la situación ruinosa de la tesorería provocó el primer cambio político mediante la sublevación de las tropas capitalinas. Éstas no recibieron sueldos y tumbaron al ejecutivo federal. La única consecuencia trascendente de la revuelta fue la caída del primer ejecutivo, pero selló el frágil desarrollo del gobierno federal sometido a los avatares de Guatemala y al mismo tiempo fue el primero de una incontable sucesión de operativos militares salvadoreños en defensa de la federación. En esta oportunidad un grupo de provincianos, al mando de José Rivas, salió del territorio salvadoreño para apoyar al ejecutivo; entonces la Asamblea eligió a los nuevos integrantes del mismo. La elección recayó sobre Manuel José Arce, José Cecilio del Valle y Tomás O'Horan.

Se aceleró el trabajo tendiente a elaborar la constitución. Ésta era percibida como el instrumento necesario para consolidar la administración política regional, por lo que todos los estados trabajaron en ese sentido. La lucha entre centralistas y federalistas estaba permanentemente planteada y el añejo papel de Guatemala como capital hegemónica y opresora era tema crucial de la discusión.

Mientras en la ciudad de Guatemala se procesaban los debates constitucionales, el resto de Centroamérica vivía momentos conflictivos pero tendientes a consolidar sus propios estados. En Honduras y Nicaragua las luchas internas entre ciudades expresaban intereses disímiles y ninguna de las partes lograba conquistar el control absoluto y poner fin al conflicto. Estas luchas intestinas hicieron que Nicaragua fuera la última en resolver su organización estatal. Fue Arce quien intervino y logró la pacificación nicaragüense con el apoyo de las tropas salvadoreñas, mostrando una vez más que el ejecutivo centroamericano no contaba con un ejército regular para defenderse.

Por su peculiar posición territorial, de pasaje hacia los diferentes rincones del istmo, Honduras fue campo propicio para varios conflictos bélicos, los cuales se desataron en el periodo federal y continuaron presentándose en el siguiente. Costa Rica, por su parte, aislada geográficamente, reforzó su postura aislacionista, aunque las confrontaciones que ocurrían en Guatemala no le fueron ajenas, pero, a diferencia de los otros conflictos provinciales, los bandos políticos costarricenses, si bien se disputaban el poder, mantuvieron relativamente cohesionado todo su territorio.

Esta rivalidad que se manifestaba en las provincias se resumía en el ejecutivo regional. Del Valle representaba a los conservadores y

Arce a los liberales, y ambos buscaban el apoyo en todos los estados para llegar más tarde a la presidencia unipersonal.

El 22 de noviembre de 1824 se concluyó la redacción de la Carta Magna. Fue redactada por Mariano Gálvez, José Matías Delgado, José Francisco Barrundia y Pedro Molina. De acuerdo con la ley fundamental, la unidad política se denominó República Federal de Centroamérica y quedó sin efecto el de Provincias Unidas.

Como señala Julio A. Domínguez Sosa en su *Ensayo histórico*, los legisladores del 24, a causa de la desconfianza que los provincianos tenían de la capital y en aras de que no se repitiera la tiranía guatemalteca, limitaron al máximo los poderes federales extendiendo lo más posible los estatales. Ello es concomitante con la decisión de que los poderes de la federación funcionarían en Guatemala. La mayor capacidad económica y cultural de esta sede obligó la aprobación.

Se instituyó que las autoridades supremas serían un ejecutivo y un congreso. Este último se conformaría con representación proporcional de los habitantes por estado. Ello ocasionó un dominio guatemalteco porque era el estado con mayor población. A El Savador le correspondieron seis diputados. La composición del senado era paritaria para todos los integrantes: dos miembros por estado. La Constitución disponía que el presidente no tenía derecho de veto respecto a las decisiones del congreso y el senado no podía proponer leyes, sólo se limitaba a sancionarlas o rechazarlas. De tal forma que se privilegió el poder legislativo en detrimento del ejecutivo. La limitación al ejecutivo fue tal que si no había disposición expresa, le estaba prohibido actuar aunque existiera necesidad o apremios inmediatos. No se quería repetir la historia pasada. Al congreso se le encargó una enorme cantidad de funciones, muchas de ellas propias del ejecutivo. A los estados se les concedió la libertad de elegir las formas gubernamentales que más les conviniesen.

Establecido y estructurado así el gobierno republicano federal se otorgaron en la carta garantías y derechos al individuo frente al Estado, se abolieron los privilegios eclesiásticos reduciéndose el número de monjas y sacerdotes, se eliminaron los monopolios, se concedió la libertad de prensa y se planificó la extensión de la enseñanza pública. Esta Constitución, con fundamento liberal, adoptó algunos principios postulados por las revoluciones de finales del siglo XVIII e hizo explícitos otros emanados de las luchas libertarias centroamericanas. Estu-

vo ausente en el escrito la demarcación de un territorio o distrito federal, donde residieran los poderes. Si se hubiera demarcado este espacio se habría evitado la superposición de autoridades dentro de una
misma área. Esta falta de precaución originó más confusión de la que
naturalmente se podía esperar.

Alastair White anota que el gobierno estaba organizado para que
surgieran disputas por las esferas de competencia federal y estatal. En
especial, acerca de a quién pertenecían algunas fuentes tradicionales
de ingreso, como el monopolio del tabaco. Al mismo tiempo, el escenario estaba listo para que las disputas se decidieran en una lucha armada cuando el grupo en el poder de un estado fuera opositor
ideológico del que detentaba el gobierno federal.

Cuando llegó el momento de elegir al presidente federal, los conservadores postularon a Del Valle y los liberales a Arce. Del Valle,
que había obtenido mayoría relativa respecto del total de votos del
colegio electoral, no fue nombrado por la Asamblea Nacional porque se adujo que no reunía la mayoría absoluta para ser designado
por dicho órgano. Por ello los diputados lo nombraron vicepresidente y le dieron el triunfo al salvadoreño Arce. Del Valle no aceptó
y en su lugar fue designado José F. Barrundia, quien también re-
chazó el cargo. Finalmente, Mariano Beltranena quedó a cargo de
la vicepresidencia.

En diciembre de 1824 asumió la presidencia de El Salvador Juan
Vicente Villacorta después de los interinatos de Juan Manuel
Rodríguez y Mariano Prado. Entonces se dictaron nuevas disposiciones para consolidar la autonomía local. La más relevante, pese a que
no fue confirmada por las autoridades eclesiásticas superiores, era la
creación de la diócesis y la designación de José M. Delgado como su
primer obispo. Esta creación era parte de una lucha entre la hegemonía capitalina y la autonomía provincial.

Tanto Villacorta como los anteriores mandatarios ya habían con-
siderado la creación del obispado y la designación de Delgado, a quien
la mitra obispal le fue otorgada por la junta provincial en 1822. Esto
ocasionó la protesta del arzobispado de Guatemala. En marzo de
1824 el Congreso Constituyente ratificó su creación, pero en mayo el
arzobispo Casaus y Torres anuló la aceptación legislativa.

Para las autoridades salvadoreñas esta anulación significaba violar las prerrogativas estatales. Así se generó una ruptura religiosa que

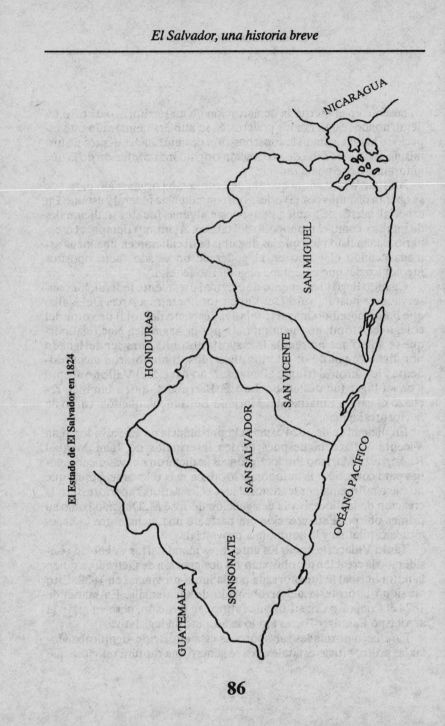

El Estado de El Salvador en 1824

reflejaba un conflicto más profundo. El gobierno guatemalteco respaldó a las autoridades eclesiásticas capitalinas, y por supuesto el papa León XII, mediante un escrito, exigió con amenazas que Delgado y Villacorta derogaran la disposición. Si bien Delgado no desempeñó la función episcopal, no se abstuvo de continuar guiando y orientando a los feligreses en su carácter de cura y vicario de San Salvador.

LA REPÚBLICA FEDERAL

Con el ascenso de Arce no se logró aplacar la discordia pese a los muchos esfuerzos realizados, de modo que la intención de pacificar la región y de poner en marcha el proyecto federal fue vana. El propio Arce, que llegó al poder gracias al respaldo liberal, terminó estableciendo una alianza con los conservadores guatemaltecos que dirigían el gobierno estatal. Con ese respaldo se llevó a cabo una guerra contra los nuevos adversarios: los salvadoreños, hasta ayer partidarios de Arce como exponente del plan liberal.

Aunque parezca contradictorio, la etapa federal fue la única que, en la práctica, logró la unidad política del istmo. Pese a enormes dificultades, los estados centroamericanos lograron integrarse desde 1824 hasta 1838. Esta última fecha corresponde al alejamiento del seno de la federación del primer Estado. En ese momento El Salvador se declaró Estado independiente.

Muchas pueden ser las razones que condujeron al fracaso de la federación, algunas sobresalen por su peso en el momento de las definiciones. Tiene un papel preponderante la no existencia de una sólida y cohesionada estructura productiva. La metrópoli colonial nunca fomentó la consolidación uniforme de la explotación agrícola en una zona con escasas riquezas minerales. Entonces, se generaron diversos focos productivos sin relación entre ellos, y asimismo se fomentó un desarrollo regional desequilibrado en la medida que existían muchas más zonas con una reducida actividad.

Esta dispersión, sumada a la debilidad estructural y a la desconexión de los grupos dominantes, no facilitó la conformación de una estructura adecuada para llevar adelante un proyecto unitario regional. Conviene recordar ciertos problemas que también estaban presentes al inicio del periodo unitario. Se advierten entre ellos la escasez de fondos de la tesorería, la oposición de los estados a contribuir al man-

La República Federal (1824-1839) *

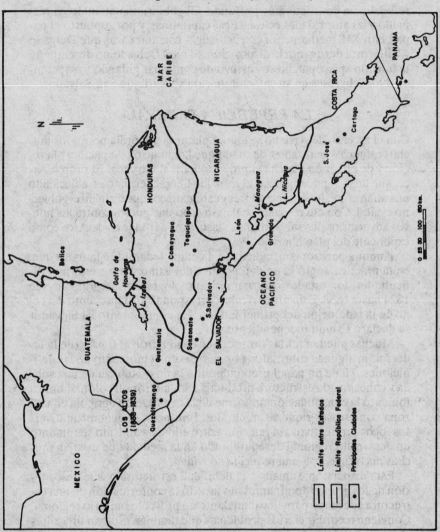

* Mapa tomado de Héctor Pérez Brignoli, *op.cit.*, p. 64.

tenimiento del gobierno federal, la ausencia de un ejército regular, la pugna entre liberales y conservadores —federalistas y centralistas— y la ausencia de un distrito federal. A éstos se debe agregar el inmediato conflicto entre ejecutivo y congreso que llevó a que Arce, casi enseguida, se pasara al bando conservador.

Las discrepancias iniciales fueron con el gobierno guatemalteco. Tanto Pedro Molina como Mariano Gálvez, destacadas figuras del liberalismo, le negaron su apoyo a El Salvador, mientras José Cecilio del Valle, como miembro de la Asamblea Nacional buscó, por todos los medios, exacerbar a los legisladores contra Arce. A tal punto llegó la discordia que las autoridades guatemaltecas cambiaron el lugar de sesiones como protesta formal contra el ejecutivo federal.

Cabe señalar que el gobierno estatal respondía a los liberales y que era vicepresidente Cirilo Flores, quien fue asesinado por un grupo de fervientes católicos por sus ideas antirreligiosas en Quezaltenango, sitio donde residían los organismos gubernamentales. Este clima de generalizado descontento obligó a que Arce convocara a un congreso extraordinario que se reuniría en Cojutepeque.

En El Salvador el gobierno no apoyó la convocatoria. Mariano Prado, que a fines de 1826 dirigía el Estado en calidad de vicejefe, llamó por su parte a que sesionara el congreso federal en Ahuachapán; su objetivo era limitar y debilitar la política del presidente centroamericano.

Para los salvadoreños Arce había violado la autonomía estatal en el momento que convocó a elecciones para cubrir el cargo del asesinado Cirilo Flores. Esta decisión se entendía además como un atentado a la constitución política. Mientras tanto Guatemala concurrió a los comicios y el triunfo lo obtuvieron los conservadores. Mariano de Aycinena y Mariano Córdova tomaron posesión de sus cargos en marzo de 1827.

La guerra civil (1827-1829)

Los resultados de las elecciones en Guatemala anticipaban el desarrollo posterior de las relaciones con los salvadoreños. En tanto fracasaba la reunión federal en Ahuachapán, Prado organizaba tropas que, al mando de Ruperto Trigueros, invadieron la capital para atacar a Arce. Los conservadores consideraron el acto como una agresión a la religión católica. Este fue el inicio de la guerra federal que desangró a la región entre 1827 y 1829 y en la cual participaron como contendientes principales Guatemala y El Salvador.

De 1823 a 1826 se había logrado abatir la depresión económica gracias a la introducción de nuevos cultivos —la cochinilla reemplazó al añil en Guatemala— y se auguraba un incremento financiero. Mario Rodríguez apunta que el agente inglés George Thompson estuvo explorando los recursos de la región para asesorar a varias casas bancarias que deseaban otorgar préstamos. Pero la guerra desgarró a la federación a pesar de la prosperidad económica en ciernes. Ni la recaudación de rentas aduanales ni el monopolio del tabaco alcanzaban para satisfacer las demandas de la nueva república, por ello, Arce buscó un empréstito que debería proporcionar estabilidad a la economía regional y fue contratado con firmas inglesas en 1824 y 1826. El préstamo que se pensó que resolvería la desastrosa situación económica trajo, por el contrario, consecuencias nefastas para la economía centroamericana. El gobierno federal sólo recibió una parte del dinero que inicialmente le habían otorgado a pesar de que se registró el monto global de la deuda, y además se destinó a gastos de guerra. En adelante, los pagos de la deuda, cuando se hicieron, fueron después de los vencimientos. Para cumplir se presionó a los estados, exigiéndoles que pagaran los impuestos federales. También se incrementó la política intervencionista británica que, para presionar por el pago, amenazó durante años con tomar los territorios. Entre los legados de este periodo federal quedará esta deuda que, contraída para desarrollar la economía, se gastó en la guerra y cuya amortización pesó durante todo el siglo.

Los combates que se desarrollaron durante esos años marcaron la débil estructura federal. En esencia, se enfrentaron guatemaltecos y salvadoreños: defensores unos del centralismo capitalino y otros de los derechos estatales. Los últimos conquistaron el apoyo de los hondureños y juntos fueron derrotados en Comayagua sin poder evitar la caída del presidente Dionisio Herrera. Fue en medio de esas contiendas que apareció Francisco Morazán quien, junto a sus aliados nicaragüenses, ganó la batalla de La Trinidad y recuperó Honduras.

Arce fue derrotado en Milingo, en mayo de 1827, y ya no pudo dominar la resistencia de San Salvador. Ante estos hechos depositó la primera magistratura en el vicepresidente Mariano Beltranena. Las fuerzas coaligadas de federales y guatemaltecos quedaron al mando del coronel Manuel Arzú.

De las tantas acciones sucedidas vale la pena recordar una que guarda como anécdota la historiografía decimonónica. Era marzo de 1828. El ejército enemigo entró en San Salvador y en el momento más crítico de la confrontación Delgado puso en marcha un plan que desorientó al enemigo. Repiqueteó al máximo las campanas y un sinnúmero de cohetes pretendían comunicar que en la plaza sitiada se celebraba un triunfo. Así, las divisiones que atacaban por diferentes lugares se engañaron y cada una creyó que la otra había sido vencida, de tal forma que todas retrocedieron a Mejicanos. En el *Recordatorio histórico* de José F. Figeac se dice que por este acto el cura Delgado recibió múltiples manifestaciones de admiración.

Derrotas posteriores y el sitio del que eran objeto llevaron a los salvadoreños a considerar la posibilidad de una paz negociada. Se fijó el lugar y la fecha de reunión: sería en la casa Esquivel, entre San Salvador y Mejicanos, en marzo de 1828. Los comisionados por parte del gobierno salvadoreño fueron Doroteo Vasconcelos, Juan Manuel Rodríguez, José Manuel Blanco y José Miguel Álvarez, y por la otra parte asistieron Juan de Dios Castro, Luis Bares, José Valdés y Agustín Prado. El deseo pacificador no fue viable. Arzú continuó con su política de asedio en San Salvador y los salvadoreños reforzaron su espíritu de combate.

Otra ronda de negociaciones tuvo lugar en abril, también en la casa Esquivel. Ahora se dieron cita José Matías Delgado y Manuel Montúfar a nombre de los agresores. A pesar de que las conversaciones no fueron exitosas, tanto Montúfar como Arzú tuvieron la convicción de que tenía absurdo destino una guerra interminable o un triunfo momentáneo brindado por la ocupación de un Estado. Éste, en cualquier circunstancia, se levantaría contra las autoridades impuestas porque el ideal de autodeterminación salvadoreña no permitiría una tiranía por mucho tiempo.

Así, poco tiempo después, en junio, una tercera reunión se desarrolló en Esquivel, donde intervinieron Delgado y Manuel Francisco Pavón. De la misma resultó un tratado por el cual los salvadoreños aceptaban condiciones desfavorables, que generaron una aguda crítica al connotado presbítero. Sin embargo, esta situación despertó un mayor entusiasmo por conquistar la victoria final. Algunos historiadores han interpretado que estos sucesos fueron previstos por Delgado y que por ello aprobó las condiciones. Lo cierto es que el tratado nunca se aceptó oficialmente.

Para entonces la figura del liberal hondureño Morazán cobraba fuerza. Quizá era percibido como aquel héroe de la independencia que nunca llegó a la cita y que ahora resultaría el caudillo necesario para pacificar y darle verdadera cohesión a toda la región, mediante un amplio consenso y poniendo en práctica la Constitución de 1824.

Morazán se movía desde el oriente del Estado hacia San Salvador y obtuvo, antes de la victoria final, dos triunfos, uno en la batalla de Gualcho y otro al capitular San Antonio.

Al poco tiempo del éxito liberal en Gualcho los coroneles que dirigían el ejército ocupante, Domínguez y Prado, regresaron enfermos a Guatemala. Este hecho no debe considerarse fortuito, ya que representaba las condiciones de agotamiento, desmoralización y pobreza en que se encontraban las fuerzas invasoras. El potencial combativo de los salvadoreños era inagotable y a él se sumó la fuerza de Morazán.

En octubre de 1828, luego de la capitulación de San Antonio, Morazán fue a la capital salvadoreña y desde allí planificó una expedición contra los gobiernos guatemalteco y federal.

El presidente Mariano Prado y Morazán acordaron que las condiciones de paz debían ser: reposición del Congreso Federal de 1826, de la Asamblea del Estado de Guatemala y de Juan Barrundia como jefe, e indemnización a El Salvador por los gastos ocasionados durante la guerra. Estas condiciones no fueron aceptadas en la capital federal por ninguna de las partes en cuestión. La confrontación final era un hecho. Los conservadores estaban representados por los ejércitos coaligados de Guatemala y la federación, mientras los liberales por las tropas de Morazán y las salvadoreñas. Esta última alianza, que significaba la convergencia de objetivos de los estados de Honduras y El Salvador, se denominó Ejército Aliado Protector de la Ley.

En Guatemala ya se oían pronunciamientos a favor de Morazán. En poco tiempo se restableció el gobierno del Estado y el 15 de marzo de 1829 se libró la batalla decisiva en Las Charcas, donde triunfó el jefe hondureño. De este modo se cerró la etapa de la prolongada guerra civil.

Los años de la guerra manifestaron los problemas más profundos que ocuparon el escenario ideológico posterior. En tanto transcurría el conflicto bélico, los conservadores de Guatemala reasumían las costumbres tradicionales del poder de la Colonia. Un esfuerzo mancomunado de civiles y eclesiásticos por retornar a los hábitos del pasado fue apoyado por las máximas jerarquías de la Iglesia, pero al mismo tiempo mostraron su incapacidad para resolver, a partir de la estructura federal, un gobierno de consenso y por tanto estable, un crecimiento económico mediante la producción del agro y su comercialización, y una política proveedora de ingresos al Estado para que le permitiera construir una infraestructura para el desarrollo. En consecuencia, la educación y otros aspectos del bienestar social de grandes masas, expectativas que se buscaban al iniciarse el proyecto federal, fueron desatendidos.

De esta forma las fuerzas liberales que en sus inicios lograron, con un grupo reducido de tropas, controlar Honduras en 1827, llegaron a su apogeo dominando Guatemala y apoderándose del gobierno federal.

En lo inmediato las autoridades legislativas de la federación designaron a José Francisco Barrundia como presidente interino. Como se recordará, se trataba del liberal guatemalteco que había sido despojado de su cargo por Arce.

Su mandato duró un año. Durante él se tomaron una serie de decisiones tendientes a limitar el poder económico y político de la Iglesia y a secularizar el Estado. La concepción del proceso secularizador estaba asentada en la convicción de que la firme alianza entre la máxima autoridad eclesiástica y los conservadores aseguraba a éstos la fidelidad de las masas, gracias, sin duda, a la influencia que la Iglesia poseía particularmente sobre los sectores menos instruidos y por lo tanto más numerosos. Esta etapa de lucha contra la Iglesia concluiría en 1832 con el decreto de libertad de cultos. Antes se habían abolido diezmos y suprimido algunas fiestas religiosas. Esta acción, por limitar el poder eclesiástico en la medida que incrementaba el dominio conservador, condujo a la clausura de la Universidad de San Carlos y a la conversión en centros escolares, hospitalarios y militares de muchos locales de distintas órdenes religiosas.

Cabe agregar que, como en todo momento del devenir histórico regional, se advierten diferencias estatales a la hora de aplicar las disposiciones. Ellas expresan las peculiaridades de los desarrollos nacionales. Así, Guatemala sería la más radical en cuanto a las reformas eclesiásticas porque allí residía el arzobispado y se albergaban el mayor número de instituciones religiosas. En El Salvador, donde ese poder era menor, las medidas tuvieron un carácter menos enérgico. Hay que anotar que el vigor de las reformas guatemaltecas sobresalió en el contexto latinoamericano.

Después de la guerra en El Salvador se eligió a Jesús Ma. Cornejo como presidente. Ya encumbrados los liberales, se procedió a expulsar de la vieja capital del reino a todos los enemigos del régimen. Entre los más destacados figuraba el arzobispo Casaus y Torres. Por su parte, los salvadoreños extraditaron a los prisioneros de guerra; muchos marcharon rumbo al puerto de Acapulco, en México, con la firme idea de reorganizar el ataque.

A pesar de estas disposiciones Cornejo hostilizó a los liberales por todos los medios. En su contra tenía a la asamblea del Estado. Entre sus actos desconoció a Delgado como vicario y solicitó consejo a Casaus y Torres, residente entonces en Cuba, sobre quién debería sustituir al cura liberal. No corrió con suerte persiguiendo estos propósitos.

En 1830, luego que el congreso federal convocara a los estados de la república a elegir presidente y vicepresidente, se designó a Morazán y a Mariano Prado respectivamente.

Morazán y la reforma liberal

Francisco Morazán nació en la última década del siglo XVIII, sus padres eran hacendados criollos con ideas liberales. Maduró con la lucha emancipadora y logró definir un proyecto reformador para los estados centroamericanos. En su doble papel de militar y de político procuró establecer un sistema de cooperación social inspirado en los ideales de democracia y progreso y para ello buscó la conciliación y la fraternidad en Centroamérica.

El gran caudillo fue elegido para el periodo 1830-1834 y, reelegido en otros comicios, después de la muerte de José Cecilio del Valle en 1835, permaneció hasta 1839.

Mientras que los problemas ideológicos demostraron ser prioritarios durante la guerra civil, ahora era el momento de poner en práctica el diseño de la República Federal. Para ello hubo que sofocar la resistencia conservadora, exacerbada por las venganzas después del triunfo liberal. La oposición se esparció por todo el istmo. Los brotes de resistencia no sólo se producían en Guatemala, sino también en Honduras y hasta en El Salvador. Claro que José María Cornejo fomentó la resistencia a las reformas liberales, lo que con el tiempo logró desgastar al gobierno, pese a la derrota de la reacción conservadora ocurrida en 1831.

El hecho más importante que se debe rescatar es el proyecto que se puso en marcha, su profundidad y extensión, y, a su vez, la visión genial del caudillo que condujo la primera reforma de este tipo en Hispanoamérica.

Esa reforma incluyó desde la separación de la Iglesia y el Estado y la libertad de cultos, pasando por la democratización y extensión de la enseñanza pública, mediante el método lancasteriano, hasta el campo judicial, donde se adoptaron los códigos Livingstone que preveían los juicios por jurado y el *habeas corpus*. En la economía varios decretos tendían a modernizar y desarrollar la libertad de comercio, impulsar nuevas industrias y fomentar la inmigración. Comenzó el reordenamiento de la propiedad de la tierra con la intención de desarrollar la propiedad privada mediante la usurpación de las tierras comunales. Estos cambios provocaron inmediatamente explosivos levantamientos campesinos.

La reforma liberal chocó así desde un principio con la realidad centroamericana. Sin embargo, no todas las innovaciones propuestas, y en especial aquellas que atendían al desarrollo económico, tuvieron al frente la negativa conservadora. Pero las mismas se opusieron, desde un comienzo, a las trabas puestas por una vieja crisis colonial que se había remozado con los efectos de la guerra federal. Y el empréstito inglés, ya citado, concedido a Arce por la Casa Barclay, incrementó sus resultados desastrosos. La deuda pública creció 50% en diez años y el déficit del presupuesto federal fue cubierto por los Estados con cuotas especiales. Las consecuencias económicas más notorias fueron una mayor autonomía local y el despertar de profundas fricciones sociales ante el reordenamiento de la propiedad de la tierra. Este proceso se realizó mediante la exigencia de títulos de propiedad, lo que llevó a despojar de sus terruños a grandes contingentes de indígenas. A ello hay que agregar, como causante de nuevas tensiones, la sustitución a partir de 1831 de los tributos coloniales, ya abolidos, por impuestos. Y en la medida que el gobierno se encontraba más y más necesitado se incluyeron contribuciones directas. No fue sino hasta 1836 cuando una ley de hacienda unificó todos los impuestos y se llegó al punto más alto de la exacerbación social.

Las disposiciones contra la Iglesia despertaron el descontento no sólo de la institución y de los conservadores sino que, gracias a la penetración de la doctrina cristiana, en los sectores más populares, sobre todo analfabetos de la sociedad, que también las cuestionaron. Ese mismo analfabetismo hizo que la enseñanza lancasteriana fuese un instrumento oportuno para introducir un cambio radical. Sin embargo, su aplicación resultó casi imposible, las distancias entre pueblo y pueblo y la pobreza que volvía prioritarias otras necesidades, dejaron en la letra tan vigoroso proyecto. La misma suerte, a pesar de sus valores intrínsecos, corrieron los códigos Livingstone que no se pusieron en práctica por desacuerdos hasta entre los propios liberales, ya que una razón de fondo era que no respondían a la realidad centroamericana.

El clima político en el istmo era de agitación y discordia. Las rivalidades interestatales, heredadas de la colonia, reflejaban, por lo general, el choque entre liberales y conservadores o federalistas y centralistas y fueron desgastando el proyecto unitario y federal.

De esta forma la primera reforma liberal despertó en la sociedad una oleada de conflictos que se hicieron sentir, básicamente, en aquellas estructuras más jerarquizadas y en las sociedades donde más acentuadas eran las diferencias. No casualmente éstas eran los polos tradicionales de la confrontación regional: Guatemala y El Salvador.

Así es que los levantamientos campesinos más relevantes del periodo suceden primero en El Salvador, durante 1833, y después en Guatemala. Este último fue capitalizado por los conservadores y conquistó la fuerza suficiente para producir el ocaso de la federación.

En medio de tensiones, movimientos sociales y conflictos políticos Morazán también hizo frente a la ausencia de un distrito federal. La inestabilidad que esto ocasionaba obligó a buscar una solución que asegurara un equilibrio entre las administraciones estatales y la federal. Pero cuando San Salvador donó el distrito ya poco se podía hacer por la continuidad de la República Federal.

Mientras esto acontecía a nivel regional, El Salvador tenía un nuevo presidente liberal: Mariano Prado, quien renunció a la vicepresidencia federal en 1832. Pero al mismo tiempo, los éxitos políticos liberales no significaban modificaciones a la expoliación que padecían las masas indígenas y, en general, los sectores desposeídos salvadoreños. Sus reivindicaciones siempre cayeron en el olvido y como la reforma liberal no buscaba un cambio que los beneficiara estructuralmente, la inconformidad latente afloró.

Anastasio Aquino y la rebelión nonualca

El levantamiento en la región de los nonualcos en El Salvador, lugar situado en el actual departamento de La Paz, con población esencialmente nativa, según cuenta Cortés y Larraz, se originó en las constantes usurpaciones de tierras, el incremento de los impuestos y la contribución directa, la práctica de los trabajos forzosos y las constantes levas para formar las tropas del Estado. Estas acciones fueron emprendidas tanto por conservadores como por liberales. Además se trataba de una localidad con mayor autonomía que otras. Así, las pésimas condiciones de vida y las expectativas no satisfechas fueron remozando un secular espíritu subversivo.

Fueran de uno u otro bando político, los grandes productores agrícolas necesitaban más y más tierras. En la medida en que se practicaba la quema se ocupaban otras tierras aunque estuvieran dedicadas a la agricultura de subsistencia. Así, mientras unas permanecían sin arar otras eran cultivadas y de esta manera los terratenientes mantenían continuamente sus profusas ganancias. Con el mismo objetivo se usufructuó la mano de obra indígena durante largas e inhumanas jornadas laborales, en las que no estaban ausentes los castigos corporales. El desquiciamiento que produjo la guerra civil redundó en un incremento de la política de explotación. La consigna de los sectores dominantes y del Estado fue en todo momento tomar tierras y cobrar más impuestos para estabilizar la situación económica.

En 1832 se levantaron algunos grupos, no necesariamente indígenas, para cuya represión fueron reclutados los nativos. En enero de 1833 los nonualcos se sublevaron con el fin de terminar con la opresión. El movimiento creció rápidamente, a tal punto, que puso en jaque a las fuerzas gubernamentales. Al frente de los subversivos estaba el indio Anastasio Aquino que, al igual que su hermano Blas, laboraba en una hacienda añilera. Resultó un gran estratega, sin instrucción, como era lo común para su raza, tuvo la capacidad de estructurar las demandas más sentidas por sus iguales. De ahí que lograra atraer a sus filas a miles de hombres, a los cuales fue armando con lo que confiscaba al ejército oficial.

El clérigo Navarro fue comisionado por el gobierno para dialogar con Aquino y gracias a este acercamiento pudo describirlo. Sus palabras son ilustrativas de la personalidad del dirigente, que era visto como una mezcla de superioridad salvaje, valor temerario y superstición. Y aunque el religioso no logró el resultado deseado, valoró positivamente el diálogo reconociendo que Aquino no tenía miedo a la represión estatal porque su meta era una providencial cruzada en pro de sus hermanos.

Anastasio Aquino reunió alrededor de diez mil hombres y se apoderó de grandes regiones en el centro del Estado, donde confiscó bienes de los sectores más poderosos, incluidos de los eclesiásticos, que fueron repartidos entre los grupos paupérrimos. El saqueo a la iglesia de San Vicente despertó la desaprobación de mucha gente. El movimiento cobró amplitud en la medida que demandaba reivindicaciones de justicia social muy sentidas. Se autodenominó Ejército de Liberación y Aquino se hizo coronar como rey de los nonualcos y dio a conocer varios decretos para las zonas liberadas en los que se expresaba muy rudamente el anhelo de justicia. Uno decía que la persona que matara pagaría con su vida, y a la que hiriera se le cortaría la mano. Otro se refería a que se aplicarían penas de diez años de prisión a las personas que intentaran cobrar deudas contraídas con anterioridad.

El gobierno liberal pudo vencer a los rebeldes en julio del mismo año, su máximo dirigente fue ejecutado y su cabeza exhibida como ejemplo del destino que les esperaba a todos aquellos que quisieran violentar el orden establecido. A pesar de la violencia no se logró derrotar la fuerza de las demandas nonualcas. Y cuando, décadas más tarde, las expropiaciones de tierras y las reglamentaciones para asegurar la mano de obra se realizaron en profundidad, nuevamente se vigorizó el movimiento. Sobre este despojo de masas indígenas indefensas se asentó la acumulación originaria de capital de los sectores poderosos.

El movimiento de Aquino fue el problema social interno de mayor envergadura que debió afrotar el gobierno liberal. Pero en tanto se reprimía a los nonualcos, se consolidaban cambios liberales en El Salvador como libertad de cultos, creación de escuelas en varios pueblos, reglamentación de funciones en los organismos gubernamentales, fundación del primer periódico oficial y apertura de algunas vías de comunicación.

En 1835 los salvadoreños cedieron a la Federación una parte de su territorio para que le sirviera de distrito federal. Primero fue la ciudad capital y los pueblos que comprendía; se extendió luego a las jurisdicciones de Zacatecoluca y Olocuilta, formándose el departamento de Cuscatlán, llamado hoy San Salvador.

El desfibramiento de la Federación

A partir de 1830 despertaron, con cierta aceptación, ideas relativas a la desintegración regional. Los provincianos no aceptaban ceder parte de sus ingresos para mantener al gobierno común y rechazaban, todavía con mayor fuerza, que se les quitaran las direcciones aduanales al tiempo que se les obligaba a cubrir con una cuota de hombres las necesidades del ejército federal. Al mismo tiempo, las autoridades del istmo no estaban en condiciones de resolver sus enormes carencias. Así se fueron distanciando las preocupaciones locales de las federales y un sentimiento de que la Federación no era posible se acunaba entre los provincianos.

Diferencias de opinión respecto a la administración de aduanas y el pago de impuestos y discrepancias generales con las medidas provenientes del gobierno regional ocasionaron levantamientos en Honduras y Nicaragua. Luego vino la desconfianza guatemalteca por la creación del distrito federal. Se temía una pérdida del poder hegemónico sobre Centroamérica. Dos nuevos elementos en la trama política del istmo hicieron que 1837 se convirtiera en el año en que la caída del proyecto federal comienza a ser estrepitosa. Uno de esos elementos fue la aparición del cólera morbus; los conservadores acusaron al gobierno liberal de haber envenenado las aguas y el pueblo, exacerbado, se levantó contra la Federación. El otro fue la entrada en escena de una fuerza política enemiga de los liberales, constituida por grandes masas indígenas, apoyadas por las autoridades superiores de la Iglesia y comandadas por Rafael Carrera. Según la tradición oral era cuidador de piaras en las montañas de Mita y Mataquescuintla y se convirtió en jefe militar y civil de la conspiración conservadora que liquidó a la Federación a partir de 1838. Con su triunfo se inició el periodo de la "restauración conservadora" que duró alrededor de treinta años.

Mariano Gálvez, que presidía el Estado guatemalteco, había llevado a cabo una política anticlerical y anticonservadora que levantó la reacción de todos aquellos afectados. La "peste", como se le llamó popularmente, fue traída de Belice e invadió el territorio federal asolando pueblos enteros en medio de la reacción en marcha. Así, un hecho fortuito fue aprovechado por los enemigos del gobierno para atribuirle todas las responsabilidades de la tragedia, más aún, para señalarlos como "herejes del poder por haber provocado muertes en masa". En medio de pueblos analfabetos, compenetrados con la doctrina cristiana, el discurso de Carrera y de la Iglesia se filtró rápidamente, permitiendo que el levantamiento indígena acaudillado por Carrera tuviera éxito. Esto fue posible porque los conservadores aprovecharon el potencial combativo de los insubordinados al mismo tiempo que su ignorancia política para derrocar finalmente a los liberales. Además, éstos ya estaban en situación de franca debilidad porque a la crítica situación socieconómica, aunaban la pugna política interna en sus filas.

Carrera tomó la ciudad de Guatemala. Los enfrentamientos con Morazán se sucedieron, pero éste no logró parar la reacción conservadora. Las fuerzas rebeldes destituyeron a Gálvez en el Estado guatemalteco, mientras en la Federación el pacto comenzó a perder credibilidad. Los liberales apoyaron la creación del Estado de Los Altos, desprendimiento del territorio guatemalteco ubicado en su zona más combativa, en un intento tardío por debilitar a los conservadores. Apareció así el sexto Estado federal. En 1839 Carrera recuperó el Estado de Los Altos al tiempo que Guatemala se separaba definitivamente de la Federación.

En 1838 ya se habían alejado Nicaragua, Costa Rica y Honduras erigiéndose en Estados independientes. Morazán y los salvadoreños buscaron por todos los medios resucitar la República Federal, pero eso ya no era posible. La convocatoria a una convención del gobierno regional trajo como respuesta la invasión del territorio salvadoreño. De inmediato Morazán fue designado presidente de El Salvador y sus habitantes se siguieron considerando parte del pacto.

Pero los fracasos terminaron convenciendo al caudillo centroamericano de que no había condiciones para revivir en esos momentos la Federación. En 1840 salió al exilio rumbo a América del Sur con la firme intención de recobrar fuerzas para reactivar el proyecto.

Costa Rica, que había mantenido una relativa autonomía frente al devenir federal, ahora se vio envuelta en el último intento morazánico por rehacer la Federación. Era el año 1842 y el caudillo liberal intentó, una vez que desplazó al presidente costarricense Braulio Carrillo, irradiar la fuerza necesaria para llevar a cabo un nuevo pacto centroamericano. Sin embargo, ya no logró el apoyo suficiente en la sociedad costarricense ni en sus gobernantes. La carencia de fuerzas que impulsaran las ideas federales se transformó en oposición y terminó junto con la vida de Morazán el 15 de septiembre del mismo año.

Su muerte cierra el ciclo del proyecto político centroamericano más importante del siglo XIX. El Salvador permaneció fiel al ideal federal y a la concepción liberal que le sirvió de sustento. La visión genial que no prosperó en aquella época se ha recuperado en distintos momentos de la historia regional y para muchos es un objetivo todavía posible de alcanzar. Desde el punto de vista geopolítico, Centroamérica tiene una posición estratégica fundamental. Las posibilidades de abrir un canal interoceánico que permitiera comunicar y dominar sendos océanos llevó, desde la conquista, a los reiterados intentos de las potencias por dominar la zona. Panamá y Nicaragua estuvieron en la mira para la construcción del canal. Los intereses de las grandes potencias no se deben considerar ajenos a la inestabilidad creada durante esta década en la región. Es claro que los agentes de las metrópolis, en especial el cónsul inglés Frederick Chatfield, jugaron un papel importante en la contención de un modelo político que, como el federal, generaba una mayor fuerza autonómica de la región. Pero esta presencia extranjera no fue el elemento principal en el finiquito de la República Federal.

Retomando lo reseñado, se pueden determinar como causas de aquel derrumbe un conjunto de factores que por separado no tenían fuerza suficiente, pero que juntos lo posibilitaron. Los elementos de orden interno jugaron el papel fundamental y estuvieron presentes en todos los Estados recién emancipados. Anota Mario Salazar Valiente que no se deben soslayar las razones últimas del fracaso, que tienen que ver con las características estructurales de la región centroamericana en el momento de la independencia. Es decir, la carencia de una estructura productiva sólida, coartada por las demandas del mercado metropolitano y del grupo económicamente dominante en la Colonia. El desigual desarrollo de las diferentes zonas regionales y la inexistencia de vínculos económicos, menos aún de aquellos susceptibles de generar el desarrollo interno, sumado a la ausencia de un control político material de todo el istmo no hicieron más que reforzar la tendencia a la desunión. Pero también coadyuvó al desenlace el peso de los grupos más poderosos económicamente que, asentados en Guatemala, condensaban de manera privilegiada el pensamiento conservador mientras que aquellos portadores del liberalismo modernizante no tenían en medio de la dispersión la fuerza suficiente para unificar los brotes de la conciencia nacional esparcidos por toda la franja ístmica.

Asimismo, el vacío de poder, la falta de práctica en la administración gubernamental y la lucha de partidos en ciernes crearon una anarquía paralizante de la sociedad en su conjunto. La crítica situación económica y financiera y la inexistencia de un modelo para cambiar la estructura colonial no brindaron, sumado a las consecuencias de la guerra, los instrumentos necesarios para el desarrollo de los nacientes estados. No fue ajena a la crisis económica y a la carencia del modelo social la pugna local entre las viejas provincias y la antigua capital traducida en una confrontación de proyectos ideológicos. En dicha pugna influyó decisivamente el poder de la Iglesia centroamericana que con su postura absolutista y conservadora constituyó un freno a todo cambio radical. Por último, la falta de ingresos federales, la pobreza fiscal de los estados y la inexistencia de comunicaciones en un territorio adverso para ellas tuvieron el peso suficiente para anular la validez práctica de las instituciones federales.

CAPÍTULO V

La república unitaria.
La disputa entre liberales y
conservadores

Todo el juego político de la Centroamérica independiente condujo al surgimiento de los cinco Estados. Intereses locales, en los que prevalecían las aspiraciones de los sectores poderosos, llevaron a la fragmentación definitiva del istmo. Las débiles economías locales y cada sociedad lucharon por crear las formas idóneas para su desarrollo nacional.

Nunca más florecerían las condiciones para el restablecimiento de la unidad regional. Algunos intentos infructuosos se hicieron a lo largo del siglo XIX y como tales los recoge la historia. En adelante, lo fundamental no fue la unidad regional sino la confrontación entre los proyectos políticos e ideológicos que dividieron las opiniones de los componentes de la sociedad. Éstos fueron identificados con sus caudillos, que cumplieron un papel dirigente y patriarcal, los que a su vez buscaron alianzas con sus iguales para permanecer en el poder, eventualmente fuera de sus territorios. Los primeros gobernantes autóctonos, aglutinantes de sectores disímiles y generadores de consensos parciales, opacaron durante unas cuantas décadas los verdaderos conflictos de clase, porque los grandes contingentes pluriclasistas o plurisectoriales que acompañan las acciones de los caudillos expresan sesgadamente sus posibles reivindicaciones. Para los caudillos, conservadores o liberales, sólo cuentan las aspiraciones de un reducido grupo que tiene en sus manos las riendas del país. Pero los avatares del pensamiento del caudillo y su defensa produjeron un sinfín de enfrentamientos mientras la sociedad maduró como entidad nacional.

Al tiempo que la división quedó consagrada en Centroamérica, una ola conservadora trató de cubrir y de hacer desaparecer los efectos de la primera reforma liberal, y así, borrar el ideario morazánico, arraigado en parte importante de la sociedad. Si bien la separación fue definitiva, Guatemala seguiría dictando conductas y prácticas de gobernar, y conservó por cierto tiempo capacidad para incidir sobre el devenir regional. En dos oportunidades esta aptitud se hizo explícita. Una, en lo inmediato, a través del movimiento triunfante acaudillado por Rafael Carrera, que hizo de Guatemala la fuerza gravitante de la restauración conservadora. Otra, hacia fin del siglo, cuando la Revolución Liberal guatemalteca subvirtió la anacrónica estructura heredada del periodo colonial. Justo Rufino Barrios, el caudillo de esa revolución, pretendió repetir la experiencia capitalina en el resto de la franja ístmica.

LA REGIÓN DURANTE LOS TREINTA AÑOS DE RESTAURACIÓN CONSERVADORA

Con el éxito de las fuerzas conservadoras en Guatemala, evidenciado en el consenso alrededor de la figura de Rafael Carrera, se buscó de inmediato reforzarlo a través de alianzas estatales. Los resultados fueron diversos. El viraje radical en la conducción política mantuvo su equilibrio durante treinta años, y en su transcurrir comenzaron a imprimirse, en casi todas las sociedades, cambios económicos y sociales. Una reafirmación de la "vocación agrícola" de estos países, señalan Cardoso y Pérez Brignoli, se hizo palpable cuando la necesidad de diversificar la gama de cultivos, para vincularse al mercado mundial, ganó a liberales y conservadores. Se tenía la convicción de que un solo producto podía resultar peligroso dados los altibajos de la demanda mundial. Sin embargo, a la larga lo que se remoza y, a la vez, se confirma, es la estructura monoproductora, misma que marcó la dependencia y la debilidad de las economías centroamericanas. La región se unificó en términos de una economía agroexportadora que tenía como producto básico el café.

Costa Rica, el contrastante Estado centroamericano, fue el que comenzó con la economía cafetalera. Al margen de los conflictos federales los costarricenses, desde 1830, se dedicaron a la producción del grano estimulante. Con gran acogida en el mercado inglés, el producto permitió el crecimiento de la economía y la consolidación de la estructura minifundiaria. Pasado el medio siglo, Guatemala y El Salvador siguieron este ejemplo. Mientras tanto, el comercio de la grana o cochinilla guatemalteca, demandada por la industria textil europea, permitió cierta prosperidad sin necesidad de provocar alteraciones de importancia en la estructura productiva. Sin embargo, aquella vocación fue creando bases de diversificación. Cuando llegó la crisis de los tintes y ésta fue irremediable, se modificó radicalmente la estructura para ponerla al servicio del nuevo modelo agroexportador. Lo mismo sucedió en El Salvador. Honduras, en cambio, no salió del estado agonizante de su minería, en medio de la desintegración territorial. Nicaragua, reactivada por el tránsito a California, no alteró su papel de proveedor regional de ganado. Así, sin mayores novedades estructurales, transcurrieron los años de consolidación de los cinco Estados.

La búsqueda de diversificación productiva también permeó las necesidades impulsadas por la situación financiera que se arrastraba, al menos, desde la independencia. Inglaterra presionaba por el pago de la deuda y durante varios años se vivió con la amenaza de la ocupación extranjera. Aunque, en realidad, la aspiración más anhelada de esta metrópoli era consolidar su poder en la costa caribeña (Belice y la Mosquitia) y lograr al fin la construcción del canal interoceánico. En Belice se consiguió a cambio de la promesa de abrir un camino entre la antigua capital del reino y la costa del Caribe. Por el canal pelearon tanto los ingleses como los Estados Unidos de América, que también ya se perfilaban como potencia. Ambos pusieron toda su fuerza al servicio del objetivo canalero. La importancia estratégica de la región se reforzó con la "fiebre del oro" californiana. La vía más rápida de acceso al oeste estadunidense pasaba por Nicaragua (río San Juan, lago de Nicaragua, Granada y costa del Pacífico) o por Panamá. Y mientras no se inauguró el ferrocarril transoceánico en el país del norte el movimiento no cesó, de forma que una línea de vapores hacía el trayecto interoceánico y favorecía la actividad comercial nicaragüense.

En 1850 los norteamericanos firmaron el tratado Clayton-Bulwer, en el cual se comprometían a no ocupar territorios centroamericanos y a no manejar unilateralmente la supuesta vía interoceánica. Por supuesto que el acuerdo fue violado de inmediato. Y mientras el cónsul Chatfield trabajaba sin descanso para su metrópoli, la potencia en ciernes preparaba su entrada a la región y terminó desplazando a Inglaterra hacia fin de siglo. Un primer encuentro con los estadunidenses fue la guerra contra William Walker. La invasión del filibustero de Tennessee, originada a partir de una solicitud de los liberales nicaragüenses en 1855, terminó siendo un real peligro de anexión a los Estados Unidos. Razones internas llevaron a pedir la colaboración de Walker y el hecho fue de inmediato aprovechado por el Departamento de Estado de aquel país. Ese organismo reconoció, en mayo de 1856, al gobierno de Walker en Nicaragua y al unísono organizaba la anexión. Esta era una excepcional coyuntura que les permitiría dominar el terreno idóneo para el paso transístmico. Este plan, tan burdo y tan hiriente a la soberanía nacional, precipitó la convergencia de todas las fuerzas centroamericanas, sin importar diferencias ideológicas, para luchar contra el enemigo común. Comenzó así la Guerra Nacional.

Durante casi un año pelearon las fuerzas coaligadas de toda la región al mando del presidente de Costa Rica, Juan Rafael Mora, y auxiliadas por armamento inglés. Al fin, la balanza se volcó del lado centroamericano, liquidando todo plan de ocupación territorial. Internamente, los conservadores nicaragüenses canalizaron la victoria y se adueñaron del poder durante los treinta años siguientes.

LA REPÚBLICA EMERGE Y LA INESTABILIDAD POLÍTICA REINA

Durante treinta años, de 1841 a 1871, El Salvador, como sus vecinos centroamericanos, vivió el predominio de las fuerzas conservadoras. Ello no impidió que llegaran al gobierno algunos políticos liberales. Esta alternancia en el poder fue la expresión del extremado equilibrio de fuerzas entre los bandos políticos. Sin distinción ideológica, una u otra administración debió hacer frente a las necesidades requeridas por la naciente república. Así, desde su proclamación misma en 1841 hasta el inicio de la revolución liberal, tuvo lugar una sucesión de creaciones institucionales y de decretos referidos al desarrollo del país: obras de infraestructura, de salubridad y de educación. Sin embargo, el alcance político y social de las medidas expresaban por sí solas la concepción ideológica de quienes las propusieron y, al retomar la idea de la "vocación agrícola" en esta tierra centroamericana, también coincidieron en el proyecto diversificador las distintas administraciones, lo que contribuyó a estructurar el cambio de cultivo cuando las condiciones del mercado internacional así lo requirieron. La fuerza del sector agroexportador no reconocía bandos ideológicos y logró que el Estado instrumentara, paso a paso, el nuevo modelo agrario.

Asimismo, se repitieron en los distintos gobiernos situaciones tales como las alianzas y tratados entre los países ístmicos encaminados a reforzar autonomías locales contra enemigos circunstanciales dentro del ámbito regional. Pero no escapó a estos acuerdos el objetivo de reconstruir la unidad centroamericana. Todos se caracterizaron por lo efímero de su vigencia y por su carácter defensivo ante la reiterada amenaza británica a las costas salvadoreñas. Desavenencias con ciudadanos británicos ocasionaron una primera ocupación en el golfo de Fonseca en 1844 y, más tarde, en la mitad del siglo, se recibieron nuevamente amenazas. Las fuerzas militares extranjeras presionaban desde el puerto de Acajutla para que se les pagara la deuda contraída durante la Federación. También hubo luchas contra fuerzas extrañas cuando el filibustero Walker tomó posesión del gobierno nicaragüense. En 1857 Gerardo Barrios, liberal salvadoreño, comandó las tropas de su país, sin hacer distinción de bandos, que combatieron contra los usurpadores extranjeros en el territorio vecino.

De esta forma, el periodo encierra comportamientos nacionales similares en medio de conflictos entre personajes caudillescos que inevitablemente volvieron más inestable o anárquica la vida política. En tanto, la estructura colonial se mantenía sin cambios. Mientras para Guatemala caía la demanda de grana, El Salvador vivía un auge de su colorante de exportación. Esto ocasionó la llegada a su territorio de más de un hacendado de la antigua capital del reino que deseaba aprovechar las condiciones favorables para el cultivo del añil: tierra óptima y mano de obra abundante. Tal era la similitud de las condiciones económicas, sociales y políticas reinantes respecto a las coloniales que Severo Martínez Peláez hace hincapié en que se trataba de un desarrollo colonial sin metrópoli. Esta permanencia estructural acaeció principalmente porque los hombres que dirigían a los paupérrimos salvadoreños no aspiraban más que a ser ahora ellos los usufructuarios de la riqueza natural del país. Cuando se tratara de cambiar el estado de cosas y derrumbar definitivamente el orden colonial, también el cambio sería en aras de que un pequeño grupo, que se constituiría como oligarquía cafetalera, detentara el poder económico y político.

Dos perspectivas deben destacarse para visualizar estos años de impulsos y frenos de los proyectos ideológicos. Una, estrictamente cronológica, que relacione los acontecimientos más relevantes. Otra, que ubique las principales figuras políticas, tanto liberales como conservadoras, y sus épocas.

Anarquía y caudillos: hechos y épocas

En 1841, perdidas las esperanzas de una inmediata reconstitución de la República Federal, la Asamblea Constituyente declaró a El Salvador como una república. Siendo presidente el hondureño Juan Lindo se promulgó la segunda Constitución del país, en la que queda consagrada la república y la separación definitiva del resto de los países centroamericanos.

Un paso más para la consolidación nacional fue la fundación, en ese mismo año, de la Universidad. Una institución de estudios superiores permitiría, desde entonces, una gestión propia en ese nivel educativo. Al mismo tiempo, se creó el colegio "La Asunción", que prepararía a los futuros estudiantes universitarios. Durante el gobierno de Lindo, Morazán llegó a tierra salvadoreña en aquel infructuoso intento por reorganizar la unión regional. El regreso del reformador liberal ocasionó levantamientos de apoyo a su proyecto, pero éstos no lograron cohesionar a toda la sociedad salvadoreña para, a partir de ella, reconquistar el istmo. Lindo debió retirarse en medio de la inestabilidad y Morazán también lo hizo para evitar más derramamientos de sangre. Después de este episodio, su corta vida le impidió buscar otras formas de rehacer la unidad.

En 1842, y luego de tantos avatares, se conquistó la independencia religiosa. Desde el Vaticano llegó la resolución de erigir la diócesis de El Salvador y al mismo tiempo se designó como su obispo a Jorge Viteri y Ungo. Esta decisión papal puso fin a una larga lucha por dicha creación y, de alguna manera, reforzó los cimientos locales de la nacionalidad.

Entonces era presidente Juan José Guzmán. Se había realizado una convención en Nicaragua en la que el gobierno local junto con el salvadoreño y el hondureño buscaron llegar a un acuerdo respecto a la unión centroamericana. De ninguna manera se trataba de apoyar el viejo proyecto liberal, en todo caso se buscaba evitar una situación similar. Guatemala, opuesta en un principio, persiguió alianzas bilaterales en lo inmediato. El Pacto de Chinandega no tuvo más consecuencias que la propia reunión, pero es ejemplo fiel de otros tratados que corrieron con igual suerte.

Durante el gobierno de Guzmán regresaron los liberales que acompañaron a Morazán en su infructuoso ensayo liberal. Llamados también "coquimbos", por el nombre de la embarcación en la que realizaron la travesía, figuraban entre ellos dos destacadas personalidades: Doroteo Vasconcelos y Gerardo Barrios. Ellos formaron los dos gobiernos liberales más importantes del periodo. El arribo de ambos a territorio salvadoreño se produjo con la oposición de Guatemala. Guzmán se ganó, con esta gestión, la simpatía de los liberales, mientras que los conservadores, sobre todo los guatemaltecos, empezaron a hostigarlo.

Antes de abandonar su administración, Guzmán resolvió otros asuntos trascendentes para el desarrollo del país. Creó la Tesorería General, a la cual le encomendó administrar los fondos propios y de los arbitrios. Al mismo tiempo determinó una partida especial del presupuesto nacional para fomentar la enseñanza primaria. También encargó la elaboración de los códigos para asentar legalmente el desempeño jurídico del país. Al gobierno de Guzmán lo finiquitó la obra sórdida del obispo, quien durante su desempeño practicó la intromisión en todos los asuntos de Estado, a tal punto que los problemas gubernamentales se discutían en su casa. La conquista de la diócesis, y con ella, el nombramiento del obispo, terminó siendo en estas circunstancias una traba al libre juego político. Los conservadores, a través del prelado, influyeron en todas las decisiones gubernamentales.

En 1844 la presidencia estaba en manos del general Francisco Malespín, quien, al decir de José F. Figeac, volvió las relaciones entre Iglesia y Estado a los tiempos de la Edad Media: autorizó, mediante un decreto legislativo, la apertura de conventos y monasterios y, lo que es más, permitió, sin remilgos, que la voluntad clerical se sobrepusiera permanentemente a las decisiones propias del Estado.

Otro acontecimiento relevante de esta administración fue la invasión a Nicaragua. Debido a una sublevación liberal, los rebeldes se refugiaron en el país vecino y Malespín exigió su extradición. Como no fue otorgada, durante tres meses se combatió en territorio nicaragüense. De esta forma también Malespín fue derrotado. En su ausencia, en El Salvador se denunció la oposición a la política del general y se adquirió fuerza para reemplazarlo, no sin antes ser excomulgado por el obispo, que pretendió ganar simpatizantes en medio del auge liberal.

Al tiempo que transcurría la campaña en Nicaragua Joaquín Eufrasio Guzmán, suegro del caudillo liberal Gerardo Barrios, sustituyó al presidente y contribuyó a su derrota definitiva. Con esas acciones sintió haber cumplido su papel en el gobierno. De ahí que un avance de las fuerzas liberales se observó en el Estado salvadoreño mientras que por todos lados se recibían agresiones.

En los años 1846-1848 siguió el gobierno de Eugenio Aguilar, que consolidó la corriente liberal. Durante su gestión se suscitó un conflicto con el obispo que condujo a la expulsión del último. Esta reafirmación del poder civil sobre el religioso fue la decisión más relevante del gobierno aguilarista y para Viteri y Ungo significó el final de su desempeño obispal en El Salvador.

Aguilar también cuenta entre sus obras la no menor de haber puesto en marcha la Universidad Nacional.

Doroteo Vasconcelos: un gobierno liberal

Cuando Eugenio Aguilar dejó la presidencia quedó en su lugar quien sería relevante caudillo liberal: Doroteo Vasconcelos. Su gobierno transcurrió entre los años 1848 y 1851. Durante su ejercicio se tomaron decisiones relacionadas con el ámbito regional y nacional que lo encumbraron. Además debió enfrentar la agresión extranjera, poniendo límite a las amenazas inglesas.

Un año antes que Vasconcelos llegara a la presidencia, en 1847, se firmó el Pacto de Nacaome. En él coincidieron los gobiernos de Honduras, Nicaragua y El Salvador. A este pacto entre las repúblicas, Vasconcelos pretendió darle un carácter unitario más profundo. El cau-

110

dillo, portador del ideal federal, llegó a la ratificación del acuerdo con el firme propósito de hacer factible el proyecto de Morazán. Los liberales centroamericanos apoyaron la propuesta pero, una vez más, el impedimento vino de Guatemala. Allí Carrera y los conservadores de nuevo se volvían un freno al impulso liberal. Por ello se decidió llevar la guerra a la antigua capital, donde las fuerzas conservadoras estaban ya muy debilitadas y divididas. Además, el Estado de los Altos ya no existía. Aunque momentáneamente Carrera se retiró a México, al final los ejércitos coaligados fueron derrotados.

Vasconcelos continuó con la delimitación política crucial inaugurada por su antecesor: fijar los límites entre los poderes eclesiástico y político. Ello ponía fin a la ausencia de la máxima jerarquía católica logrando que el papa Pío IX nombrara un nuevo representante de la Santa Sede. La elección recayó sobre el presbítero Tomás Miguel Pineda y Saldaña.

De inmediato, otra decisión despertó la alegría de vastos sectores de la población: se resolvió el traslado de los restos de Morazán a tierra salvadoreña. Un profuso movimiento gubernamental para el recibimiento fue organizado, pero, sobre todo, trascendió políticamente, apuntalando el proyecto liberal.

Vasconcelos modificó la Constitución de 1844 y entonces pudo ser reelegido. Esta reiteración en la presidencia fue, para algunos intérpretes, un error de su administración. Se desató una campaña opositora pero, no obstante, los liberales lo apoyaron, ya que para ellos era el caudillo de la unidad.

Los conservadores lograron consolidar el poder en Guatemala, y Carrera se propuso terminar con el gobierno vasconcelista. Para eso resolvió pedir ayuda al cónsul británico Chatfield, que representaba enormes intereses en la región y obviamente no veía con buenos ojos el pacto liberal de Nacaome. En especial, porque peligraba el territorio de la Mosquitia, que estaba entre sus objetivos. Chatfield no dudó en amenazar a las tres repúblicas, exigiéndoles el pago de la deuda federal, y ocupó el golfo de Fonseca desde donde las presionó.

La dieta centroamericana, reunida en Nacaome, resolvió defender la causa regional e invadir Guatemala. El triunfo fue otra vez de Carrera: el 12 de enero de 1851, en la batalla de La Arada, derrotó a los liberales y con ellos a Vasconcelos.

111

El liberal, luego de sus infructuosos esfuerzos unitarios, resolvió concluir su función gubernativa. En su lugar lo sucedió, en calidad de interino, Francisco Dueñas. Este caudillo conservador, que en siete oportunidades tuvo en sus manos el poder, ahora sólo permaneció once meses. En ellos implantó un sistema penal que se comparó con el practicado durante la Colonia. También aprovechó la ocasión para desconocer el pacto de 1849 entre los tres países y establecer una alianza con Guatemala. Sembraba de esta forma la oposición liberal desde sus inicios, aunque a Dueñas se le conocerá mejor cuando llegue el momento de su última y más larga administración.

Interludio entre las administraciones liberales mayores

En 1854, y mientras llegaba ese último periodo, José María San Martín ocupó la presidencia. La suerte no estuvo de su lado. A los dos meses de su designación un terremoto destruyó la capital. San Salvador una vez más fue sacudida por los movimientos telúricos y fue tal la magnitud de los daños que se resolvió trasladarla y volverla a construir. Se aprobó que en los llanos de Santa Tecla se levantara la ciudad. La decisión provocó desacuerdos y movimientos de protesta, pero la medida se puso en práctica.

A los dos años ya presidía nuevamente un liberal: Rafael Campos. Entonces estalló la Guerra Nacional. La invasión del filibustero Walker unió los esfuerzos centroamericanos en defensa de la región. La nueva gestión presidencial, que duró de 1856 a 1858, se dedicó, de manera primordial, a la guerra y sus consecuencias, apoyó la lucha y exhortó a la solidaridad centroamericana. La generosidad brindada por el "Arístides salvadoreño" redundó en un gran prestigio personal. Campos, que debió enfrentar la epidemia de cólera morbus, introducida por los combatientes de la guerra, se dio tiempo, a pesar de esa circunstancia difícil y desfavorable para promover la instrucción pública, defender la libertad de expresión, publicar la recopilación de las Leyes Patrias, solicitar la elaboración de la primera carta geográfica del Estado y de la estadística general.

Gerardo Barrios: el gran reformador

En 1858 fue designado como presidente Miguel Santín del Castillo, quien se retiró del cargo y lo delegó interinamente a Gerardo Barrios.

El caudillo liberal ocupaba ahora de manera provisional la presidencia y en poco tiempo se consagró como titular del Estado. Abriría la más importante administración liberal en medio de la restauración conservadora.

Su primera resolución práctica fue trasladar la capital nuevamente a San Salvador. Luego de ello asumió el cargo de jefe de división en tanto José María Peralta ocupaba interinamente la presidencia. Durante esta gestión se decretó a la república como "libre, soberana e independiente" y se declaró expresamente la posibilidad de unirse con otros países centroamericanos si se presentaba la ocasión. También se procedió a cambiar el artículo 44 de la Constitución: se introdujo el periodo presidencial de seis años.

Fue al general Barrios a quien le tocó iniciar su mandato bajo la vigencia de esta innovación institucional. Así quedó establecido que gobernaría de 1860 a 1866. El nuevo presidente era hacendado e hijo de hacendados y creció en los años de la lucha emancipadora. Como apunta Ítalo López Vallecillos, vivió en su propio hogar el odio al dominio imperial y a las vejaciones que padecían los pueblos dominados y también aprendió a rechazar la exacción practicada por el reducido grupo dominante guatemalteco a las economías provinciales. Maduró como liberal y resultó un gran reformador que impulsó la modernización de su país. Para muchos completó la reforma morazánica.

El progreso de los primeros años de su administración hizo patente su interés por el desarrollo salvadoreño. Convencido de la necesidad de impulsar nuevos cultivos favoreció la diversificación y benefició con tierras baldías a aquellos individuos comprometidos con el proyecto agrícola. Promulgó los códigos civil y penal como leyes nacionales, sustituyendo así la arcaica legislación colonial que se mantenía aún vigente. Persistió en él una preocupación por la educación de grandes masas desde la lucha contra Walker. Una vez en su país, luego de la campaña nacional, puso en funcionamiento una escuela de primeras letras donde impartían enseñanza maestros con excelencia académica. Para El Salvador esto representaba un hecho desconocido: los antiguos docentes no contaban con formación especial, sino que desempeñaban su actividad sin poseer ningún tipo de preparación especial.

La convicción de que un pueblo instruido favorece el progreso, lo llevó a invertir mucho esfuerzo en la extensión de la enseñanza. Por

113

ello se crearon unas cuantas escuelas de primeras letras, muchas para aquella realidad, y se hizo un trabajo importante en aras de la alfabetización. La propuesta era que hubiera una escuela por cada quinientos habitantes, para lo que promovió la formación de maestros. A la extensión de la enseñanza pública y laica contribuyó una significativa aportación del presupuesto nacional destinada a tales fines.

La idea de un Estado en que reinara la libertad de pensamiento y expresión encontró la oposición de los sectores conservadores y de la Iglesia. Esa certidumbre acerca de que la libertad del hombre comienza con la libertad de conciencia lo condujo, de inmediato, a una trascendental resolución: la separación de la Iglesia y el Estado.

Un proceso concomitante a la consolidación de las repúblicas, en la mayoría de los casos, llevaba a la laicización del Estado y sus instituciones. La lucha entre el obispo, como representante de la Iglesia, y Barrios se entabló por hechos casuales. Sin embargo, la concepción del Estado laico era independiente de lo ocasional. Por eso, más allá de la confrontación expresada en misivas eclesiásticas, notas presidenciales y diferentes formas de manifestaciones públicas, el gobierno dictó la primera medida que afectaba el tradicional poder de la Iglesia. En septiembre de 1861 se dictó una resolución que prohibía el uso del púlpito para menoscabar el respeto a las autoridades civiles, bajo penas de sanción judicial.

Al mes siguiente se amplió la legislación. Se autorizó al Estado para prohibir cualquier reglamento eclesiástico, decretos conciliares, bulas y pastorales que, siendo dirigidas al público, violaran la Constitución o alteraran el orden social. Al mismo tiempo, se estableció la sanción para aquellos eclesiáticos que transgredieran la normatividad legislativa: ella llegaba al extremo de la expulsión definitiva del territorio nacional.

A los pocos días, se consolidó el proceso hacia un Estado laico. Se declaró que todos los eclesiásticos, antes de poner en práctica su desempeño religioso, deberían prestar juramento a la Constitución y someterse a la autoridad suprema del gobierno. Esto despertó la oposición acérrima del clero y de los conservadores. Mientras muchos clérigos, con ellos el obispo Tomás Miguel Pineda y Saldaña, abandonaban el país para no verse obligados a prestar el juramento, sectores proclives a mantener el *statu quo* no lograron el consenso social para echar por tierra la ley de Barrios.

Pineda y Saldaña se dirigió a Guatemala en búsqueda de apoyo eclesiástico y civil. Sin duda allí lo encontró, y desde la cuna del poder conservador se organizó la conspiración antiliberal que al fin lograría vencer al gobierno del reformador.

La crisis entre Estado e Iglesia llegó al monte Vaticano. Pío IX resolvió, en marzo de 1862, que tanto obispo como clérigos debían prestar juramento y ser fieles a la Constitución y a las leyes de la república. La resolución papal fue notificada a sendas partes en conflicto y el gobierno dio un nuevo plazo para efectuar el juramento.

Aunque la resolución avalaba la separación definitiva entre los dos poderes, en Guatemala se preparaba una conspiración para derrocar a Barrios. Francisco Dueñas y Pineda y Saldaña eran los más destacados participantes salvadoreños.

Barrios, mientras tanto, no descuidó el ideal de unidad regional. Bregó por ésta, realizó pactos con gobiernos vecinos, e incluso fue a Guatemala antes del conflicto con la Iglesia en un intento estéril, pero decidido, por conquistar un diálogo para la paz y la unidad. Su ideal no prosperó y en poco tiempo caería vencido por la reacción conservadora de allende las fronteras.

A partir de alianzas bilaterales entre los estados que constituyeron los polos de la confrontación, Guatemala con Nicaragua y El Salvador con Honduras, se procedió a la ofensiva final. Antes de ella Barrios logró vencer a Carrera en Cojutepeque, en una de las incursiones que el caudillo guatemalteco realizó al territorio salvadoreño. Barrios no sólo estimaba las causas ideológicas de la guerra; además estaba convencido, y así lo hizo saber, que Carrera aspiraba a anexarse Santa Ana y Sonsonate, y colocar en la silla presidencial a su correligionario Francisco Dueñas.

En julio de 1863 Barrios se dirigió a Santa Ana para preparar la defensa del país y Carrera, junto con Dueñas, estaban listos para invadir los territorios en poder de los ejércitos aliados. En este mismo mes cayó Santa Ana en poder de los conservadores y se proclamó desde allí al salvadoreño como presidente de su país.

En San Salvador, mientras esto acontecía, se preparaban las fuerzas para defender la capital. Para entonces Honduras, también vencida por Carrera, alía su ejército al guatemalteco y al nicaragüense para liquidar al reformador.

Después de ser derrotado, Barrios tomó el camino de Morazán: se

115

retiró al exilio y esperó la oportunidad para un nuevo intento. Aprovechó la muerte de Carrera en 1865 para regresar y, a diferencia de su ilustre antecesor, las tropas de Dueñas lo asesinaron en su suelo natal. Así se cierra el ciclo de los caudillos liberales que tuvieron más arraigo popular.

Francisco Dueñas: el caudillo conservador

Dueñas fue fundador de una de las familias constitutivas de la oligarquía salvadoreña. En el gobierno de Vasconcelos, uno de los hombres de confianza del caudillo liberal fue Dueñas. Muy pronto lo traicionó y se convirtió en el aliado salvadoreño por excelencia del conservador Rafael Carrera. Para éste resultó ser el personaje que siempre quiso imponer al frente de la política salvadoreña.

De ahí que en siete oportunidades Dueñas pasara por el gobierno, unas como senador y otras como presidente, con el apoyo del guatemalteco. Desde 1851, año en que aparece en el ejercicio gubernamental, hasta 1871, en que un movimiento liberal lo destituyó, se mantuvo presente. Con su caída se clausuró la etapa conservadora y, aun más, el ciclo del mundo colonial.

Durante sus primeras administraciones, su ejercicio fue efímero. Después de la derrota de Gerardo Barrios se consolidaría de manera definitiva en el poder. Dueñas realizó un conjunto importante de obras materiales tendientes a modernizar el país y, sobre todo, a proveerlo de los recursos necesarios y vitales para vincularse al mercado internacional. Sin embargo, el ímpetu brindado a las realizaciones materiales contrasta con una política restrictiva de las libertades individuales enmarcada en el desconocimiento de los derechos del hombre que llevó a un retorno de las prácticas de castigo corporal. Dicha política estuvo acompañada por una extendida represión.

Aparecen entre sus realizaciones la construcción de muelles de hierro en los puertos, y de caminos y puentes, la creación del telégrafo, la fundación de la Biblioteca Nacional y de los colegios militar y de señoritas, y el uso de la estampilla o sello postal.

Compete al gobierno de Barrios en 1864 la promulgación de la tercera Constitución política. En ella se plasma el giro ideológico que tomó el Estado; nuevamente la intolerancia de cultos. El mantenimiento del poder de la iglesia católica era condición indispensable para asegurar el orden anhelado. La Iglesia, como poseedora del poder espiritual, debía mantener sus privilegios aunque ello representara la superposición sobre el poder civil. Dueñas tenía una historia monacal que, en este caso, alimentó su concepción del mundo. En ésta lo importante eran las minorías poderosas y cultas, que eran las únicas capaces de intervenir en todas las esferas de decisión, como en el ámbito intelectual y académico. Por eso contrastó con Barrios, ya que mientras éste buscó por todos los medios extender la enseñanza de las primeras letras para que llegara a más hombres, de manera gratuita, Dueñas fomentó la enseñanza superior a la que sólo podían acceder los grupos más adinerados de la población y de entre ellos el reducido núcleo de los que estaban en condiciones de cursar estudios avanzados.

En la gestión de Dueñas se nombró a Pineda y Saldaña obispo de El Salvador. Como se ha visto, este último huía de los liberales y fue partícipe importante de la conspiración conservadora.

Al régimen de exclusión educativa, Dueñas agregó la injusticia social que lo caracterizó y no le fue ajena la política de represión contra sus adversarios. Por eso no dudó en pedir la extradición de Gerardo Barrios, cuando éste pisó suelo centroamericano, para luego asesinarlo.

Pero a Dueñas también le llegó el fin. Lo que tanto le criticó a Vasconcelos, terminó siendo su más preciada aspiración: la reelección. El contexto político era otro y, cuando la capacidad republicana de alternar en el poder fue impedida, se despertó un latente sentimiento reivindicador de los principios democráticos. Mientras Dueñas insistía en su permanencia, cobraba fuerza en Centroamérica el sólido movimiento liberal que derrotaría definitivamente al orden colonial.

HACIA EL CAMBIO DE LA ESTRUCTURA PRODUCTIVA

La independencia favorece el viraje estructural

Con la independencia de España se revalorizaron las riquezas naturales. Para El Salvador siempre fueron su tierra y su gente.

Desde entonces ya no fue necesario comerciar con un solo mercado, la metrópoli, ni depender de la voluntad de los funcionarios españoles para lograr las resoluciones necesarias que impulsarían el desarrollo productivo y comercial. Ahora, los salvadoreños mismos eran quienes disponían de sus propias riquezas y, por tanto, los que debían resolver sobre el futuro del país. Se entiende que aunque se habla de los salvadoreños, quienes tenían en sus manos las riendas del poder no se identificaban con las grandes masas desposeídas. Este grupo reducido y poderoso económicamente se convirtió, gracias a la emancipación, en detentador del poder político.

Así, los nacionales son los que deciden la suerte del país. Para El Salvador esta realidad, cierta también para gran parte de las excolonias, es por demás significativa ya que, durante el siglo XIX, la presencia extranjera es poco relevante. La inmigración europea, que llegó entre 1869 y 1872, vivió una rápida fusión con familias adineradas nacionales. Estos extranjeros aportaron nuevas tecnologías que favorecieron la producción; inicialmente participaron en la producción agraria y luego se vincularon a la comercialización y al financiamiento, pero su intervención no puede ser considerada como desnacionalizante porque se integraron a la sociedad salvadoreña. Lo que se debe valorar es el escaso peso de los intereses imperiales en la esfera de la producción. Durante este siglo, tanto Inglaterra, vieja potencia, como los Estados Unidos de Norteamérica, potencia en desarrollo, no intervinieron directamente, al contrario de lo que ocurre en otros países de la región. En aquel entonces la dominación imperial se apreciaba, de manera preponderante, en el momento de la comercialización en el mercado mundial.

Se conjugaron así tres elementos que conducirían, paulatinamente, a la transformación de la estructura económica y social. Ello no invalida que simultáneamente rescataran viejas prácticas coloniales, sobre todo, en las relaciones de trabajo. Dichos elementos son: la posibilidad de los nacionales de ser dueños de las riquezas, la libertad y la soberanía que tienen para tomar decisiones económicas, y la capacidad del grupo dominante para poseer grandes extensiones fundiarias.

Sin embargo, esta soberanía plena se dio con un erario público carente de recursos. A este déficit fiscal se le agregaron las consecuencias de la guerra civil, que representaron una crisis financiera general.

118

Las dificultades de los primeros años de vida independiente, inherentes unas al pasado colonial y otras propias de la guerra, no hicieron posible esbozar inmediatamente el proyecto futuro, pero esto no impidió que se percibiera la necesidad de transformar la estructura agraria heredada.

La vocación agrícola era un hecho. La explotación del agro era clave para el crecimiento salvadoreño, por lo que se fomentó desde el Estado la producción de cultivos exportables. No fue ajeno este procedimiento al mundo colonial, también la fiebre de los colorantes privilegió los cultivos que vinculaban la región con el exterior, en perjuicio de los cultivos de subsistencia.

La diferencia, ahora, es que los grandes hacendados y productores en general, apoderados del gobierno, resolvieron qué hacer y cómo hacerlo en función de sus propios intereses y no de los intereses ajenos. Es obvio que con la independencia no se satisficieron los de la mayoría.

Todo el trabajo del agro se destinó cada vez más a la exportación y los agricultores dedicados a los cultivos de subsistencia debían abocarse a la agricultura comercial o eran sancionados de diversas maneras. La pérdida de tierras o el incremento de los gravámenes son un ejemplo.

Búsqueda de la diversificación agrícola

La preocupación por que se reactivara la producción agrícola comercial se expresó también en la búsqueda de nuevos cultivos. Era cierto para muchos hombres, sin distinción de ideologías, que resultaba peligroso aferrarse a un solo producto de exportación. Es decir, a una única mercancía que vinculara al país con el mercado mundial. En esos años, la tendencia a la diversificación productiva no surgió por la declinación del añil. El colorante se había recuperado de la crisis de finales del siglo XVIII y paulatinamente fue acercándose al auge. Alrededor de 1860, cuando se llevaban, por lo menos, veinte años de prueba del cultivo del café, la producción de añil salvadoreño duplicaba la obtenida por toda la capitanía general en 1783, y casi veinte años después seguía siendo el principal producto exportado. Lo sucedido en las décadas anteriores a la independencia había demostra-

Incremento de la producción añilera hacia 1860 *

Cada punto = 20 tercios de añil

Cada punto = 20 tercios de añil

* Mapas tomados de David Browning, *op.cit.*, pp. 268-269.

do que los altibajos de la demanda exterior, por múltiples motivos, debilitaban las ya indefensas economías centroamericanas. Para El Salvador, la sujeción al colorante era motivo de preocupación general. Desde los años cuarenta, cuando se rompió el pacto federal, se hizo pública esa inquietud. Así en la prensa como en las decisiones gubernamentales se advertía la intención de promover la diversificación.

Su búsqueda implicó una nueva concepción respecto a la propiedad de la tierra. Ésta había variado en tiempos de la Colonia: la privatización conmovió la tradicional propiedad comunitaria. Pero, con todo, todavía no se producía un cambio raigal en las formas de tenencia. Asimismo, tampoco se habían modificado las relaciones que se establecían sobre ellas.

Las primeras resoluciones referidas a este bien preciado atendieron a su sistema de tenencia y uso. Después de mediados del siglo XIX se empezó a reglamentar la extensión de las propiedades y se dictaron medidas para incrementar la productividad y la expansión de las tierras cultivables.

El café y la estructura monoproductora

La diversificación como solución a la dependencia de un solo producto condujo, por el contrario, a cambiar el añil por el café. El grano estimulante se convirtió, con el tiempo, en la mercancía exportada por excelencia. Así, la vida económica y comercial dependió progresivamente del café. Las primeras cosechas conocidas se dieron durante la década de los cuarenta.

El cultivo se hacía en pequeñas cantidades y para uso local. La legislación nacional estimuló su desarrollo. En 1846 un decreto brindó tratamiento preferencial a los agricultores que plantaran el grano y un año después se ampliaron los beneficios con lo cual, al llegar el medio siglo, el café ya se cosechaba en varios lugares.

David Browning señala que, si bien es cierto que hasta 1850 creció la superficie de tierras dedicadas al añil, éstas se fueron concentrando y hacia 1860 la tierra añilera comprendía el norte y este de San Salvador, dentro del triángulo que forman San Vicente, Tejutla y Chalatenango y algunas zonas dispersas al este del río Lempa. Pero a medida que se dedicaban más tierras y mano de obra al cultivo del café, disminuía el del añil.

Como no todos los añileros se opusieron al nuevo producto, sino que, por el contrario, muchos se volcaron a su cultivo, comenzó un proceso de transferencia de capital y trabajo. Algunos hipotecaron sus sembradíos y otros obtuvieron su capital mediante la venta de propiedades y molinos idóneos para el colorante. Esto fue evidente entre 1850 y 1860. En esos años se dictaron otros decretos relacionados con la adjudicación de tierras ejidales a quienes cosecharan el grano. Algunas de estas resoluciones coincidieron con la fundación de Santa Tecla. En 1859 el liberal Gerardo Barrios posibilitó el traslado de tierras públicas a aquellas personas que se comprometieran a dedicar buena parte del terreno a la producción cafetalera. A partir de 1864 se hicieron notorias las usurpaciones de tierras comunales para favorecer la nueva modalidad agrícola. Por ello, la historia está plagada de pequeños actos de "rapiña legal" en perjuicio de los colonos y los ejidatarios.

También se estimuló la producción mediante una política de exoneración impositiva a los cafetaleros y de extensión de créditos. A estos beneficios sólo tuvieron acceso los individuos adinerados y con propiedades. Las medidas devinieron en mayor concentración de la riqueza. Por ello no hubo gran contradicción entre los grandes añileros y los cafetaleros, ya que buena parte de los primeros se convirtieron en los últimos. Esta continuidad se manifestó en que el grupo dominante de fines de siglo ya estaba en el poder, parcialmente, desde la independencia, y gobernó para su propio proyecto económico.

El proceso de captación de tierras y hombres libres para incrementar el volumen de producción cafetalero tuvo algunos obstáculos. Entre ellos aparece la falta de disposición para emprender una modalidad distinta por parte de los agricultores de las tierras altas del norte. Estos hombres se aferraron al tinte, aun cuando la baja de los precios se hizo inminente. Sus razones eran numerosas y son las que distinguen un cultivo del otro. El añil no requiere de una inversión inicial, su cosecha se recoge a corto plazo y de inmediato se prepara la siguiente, además, existía la tradición y el conocimiento añileros. El café, en cambio, requiere de un importante capital inicial, su maduración es tardada y luego de la cosecha hay que dejar descansar la tierra. Los cafetos se cultivan en semilleros y luego los almácigos se trasladan a los campos para sustituir a los cafetos viejos. Además se

122

necesita plantar árboles para sombra, raíces para evitar la erosión y poner barreras vegetales. También se requiere la construcción de terrazas, sostenidas por muros, para impedir los deslizamientos. Estas trabas materiales alimentaban la voluntad de los agricultores de proseguir con el añil.

Se debe agregar que las mejores tierras para el café eran aquellas ocupadas por los comuneros y ejidatarios. La zona climática más adecuada se encuentra por encima de los 450 metros de altitud. Se trata de áreas reducidas, con suelos fértiles y bien drenados, concentradas en las laderas volcánicas y las partes más altas de los altiplanos volcánicos centrales.

Al tiempo que se diversificaban los cultivos se construyeron obras destinadas especialmente a la agroexportación que favorecieron el desarrollo del país. Así, se trazó y realizó una red de caminos, cuyo eje tenía una nueva orientación: el Pacífico. Antes, todo iba hacia Guatemala. Las carreteras se dirigían desde las tierras altas hacia la costa, con una dirección central este-oeste, alimentada por caminos auxiliares del norte y del sur. Para finales del siglo, también el ferrocarril se puso al servicio de la agroexportación. El primero se construyó con capitales estatales y privados, y luego, en 1865, la compañía inglesa Salvador Railway Company, recibió la concesión para levantar la red ferroviaria que conectó las principales áreas cafetaleras con Acajutla. También se construyeron nuevas vías con capital norteamericano que comunicaron La Unión con Santa Ana y con Puerto Barrios, en Guatemala.

El estímulo a la agroexportación se reflejó, a la vez, en la política por atraer las visitas navieras. Hacia 1850, cuando la "fiebre del oro californiano" se hizo sentir, se liberó de impuestos a los barcos que anclaran en puertos nacionales. Entonces una línea de vapores que iba de Panamá a California paraba en Acajutla, La Libertad y La Unión. A finales del siglo otras líneas de vapores pasarían por los puertos salvadoreños: la compañía Kosmos y la Pacific Mail Steamship Company.

Anota Browning que son cuatro las diferencias entre las producciones del grano y las del colorante: disímiles formas de introducción de las plantas, métodos distintos de cultivo, mucho mayor cantidad de mano de obra para el café que para el añil y, por último, la ubicación geográfica opuesta de ambos cultivos.

Este reemplazo de cultivos ocurrió mientras se acercaba el momento en que, por un lado, aumentó la demanda del añil asiático y, por el otro, alrededor de 1880, cuando la casa Bayer descubrió los colorantes sintéticos. Ello generó las conocidas oscilaciones de la demanda y, de inmediato, volvió invendible el producto.

Desde una perspectiva política ese momento llegó después de que Francisco Dueñas fue derrotado por un movimiento liberal y comenzó la subversión definitiva de la estructura institucional, administrativa y política heredada de la Colonia.

Los grandes propietarios fundiarios requerían cambios para adecuarse al nuevo modelo productivo basado en el café. Y así, la tierra se convirtió masivamente en propiedad privada de unos pocos salvadoreños y los más debieron trabajar, en adelante, bajo las condiciones que impuso un reducido grupo de terratenientes.

CAPÍTULO VI

Las reformas liberales: bases del Estado contemporáneo

Lo que se conoce como Revolución Liberal, o reformas liberales, se refiere a un conjunto de resoluciones estatales que, mediante la aprobación legislativa, provocaron cambios de consideración en la estructura económica social y política del país. El exitoso viraje, favorecido por el Estado, respondió a los intereses de un grupo reducido de la población. Se trata, básicamente, del mismo grupo que accedió al poder una vez declarada la independencia. Grandes terratenientes y comerciantes dedicados a la economía agraria de exportación son los que desde 1821 tuvieron en sus manos la dirección de la nueva república, y desde esa posición de poder proyectaron un modelo de desarrollo que favorecería sus intereses. En este sentido, como se ha dicho, las distinciones ideológicas no se percibieron. Aún más, tampoco en el plano económico hubo divergencias: la anhelada diversificación productiva resultó en consolidación del perfil monoproductor y monoexportador sobre la base del cultivo del café. Esta es la matriz económica que se desarrollaría en adelante.

Para ello fue necesario modificar el sistema de tenencia de la tierra, reglamentar la fuerza de trabajo, consolidar el poder civil y crear las condiciones materiales para favorecer la agroexportación.

Si bien las reformas sellaron constitucionalmente las modificaciones a la tradicional estructura colonial, el proceso fue lento y en el transcurrir del tiempo se fue desposeyendo aún más a la gran masa

125

Centroamérica: conflictos de límites y división política actual *

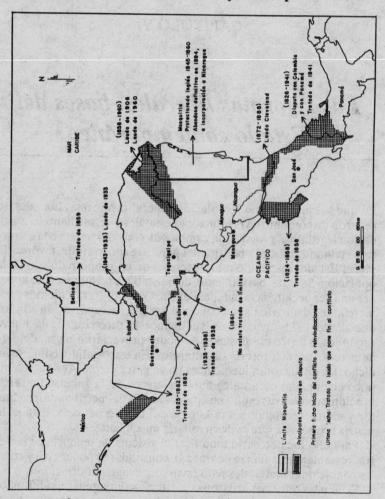

de campesinos, unos comuneros y otros ejidatarios mientras que aumentaba la acumulación de tierras, y con ellas de capital, en manos de los pocos grandes terratenientes.

Los pequeños productores, "los poquiteros", fueron también desposeídos en la medida en que no se ajustaban a los nuevos requerimientos. Perdieron sus tierras y concomitantemente resultaron trabajadores libres al igual que los pobladores de las tierras de las comunidades. La destrucción de las formas tradicionales de tenencia de la tierra y de producción ocasionaron, por un lado, una aguda lucha social —en una sociedad cada vez más polarizada— y, por el otro, la consolidación en el poder del grupo cafetalero. Éste sería el que predominara en la dirección estatal y se convirtiera definitivamente en grupo dominante. A él se le brindaron los créditos para la producción cafetalera y también se lo privilegió con el otorgamiento de tierras gratuitas o a muy bajos precios. Es por esta razón que muchos intérpretes señalan que el Estado contribuyó a la acumulación capitalista del reducido grupo cafetalero.

A partir de una concepción pragmática y positivista, los liberales que arribaron al poder, una vez derrumbado el régimen conservador, se dirigieron a la liberalización de los recursos necesarios para el crecimiento de la agroexportación cafetalera. Claro que este impulso estuvo regido por el interés de beneficiar al grupo dominante. Y, para ello, no importaron los costos sociales expresados en el perjuicio económico y el deterioro del bienestar causados a la mayoría de los salvadoreños. Asimismo, la práctica reformadora requirió, para ser efectiva, de una política de control social y de represión. Sin embargo, la transformación ocurrió bajo las banderas de paz, orden y progreso.

La modernización del Estado pasó, desde el punto de vista institucional, por la caída del caudillo conservador Francisco Dueñas. Pero tuvo su respaldo en el vigoroso proyecto homólogo que el guatemalteco Justo Rufino Barrios irradiara desde la vieja capital del reino.

EL EJEMPLO DE GUATEMALA

El movimiento triunfal del liberalismo se inició en Guatemala a finales del siglo XIX y desde entonces, como en otros momentos de la historia regional, buscó inducir conductas análogas en sus vecinos. En El Salvador los liberales tenían la suficiente fuerza como para reproducir el modelo capitalino. También contaban con las condiciones económicas e institucionales para hacerlo. Pero se verá que, a pesar del esfuerzo realizado en otros países —Honduras y Nicaragua son el ejemplo—, las reformas fueron endebles y tardías. En Costa Rica no se necesitó del proyecto guatemalteco ya que el liberalismo se fue consolidando lentamente mientras la temprana economía minifundiaria del café daba sus frutos.

El levantamiento liberal de Justo Rufino Barrios acabó con la restauración conservadora en su país y alteró el orden reinante en favor del grupo cafetalero promotor de la exportación del grano. Para Guatemala, esta alteración pasaba por el reordenamiento de la propiedad fundiaria, en especial de aquella apta para el nuevo cultivo. Asimismo se necesitaba la liberación de fuerza de trabajo que gozara de condiciones para dedicarse a la producción. Por último, se requería de un Estado centralizado, capaz de respaldar el proyecto en marcha. El caudillo subvirtió la estructura guatemalteca entre los años 1873 y 1883.

La modificación radical del sistema de tenencia de la tierra resultó en perjuicio de la Iglesia. En Guatemala, la institución religiosa contaba desde hacía siglos con un enorme poder económico radicado, sobre todo, en las propiedades fundiarias. Las mismas, que además se encontraban en las zonas aptas para el café, fueron secularizadas al igual que todos los bienes eclesiásticos. Otros terrenos baldíos se vendieron o distribuyeron, y se abolió el censo enfitéutico. Estas reformas a las propiedad de la tierra muestran que Justo Rufino Barrios recibió influencias del proyecto liberal de Benito Juárez. Las consecuencias de la reforma en el agro contrastan con las que sucedieron en El Salvador. En Guatemala, la que resultó afectada fue la Iglesia y, en El Salvador, los comuneros y los ejidatarios. A partir de esta distinción principal, los efectos sociales también difieren. La Iglesia peleó contra el poder civil en un caso y la confrontación social se recrudeció en el otro. Ello no invalidó la polarización social; por el contrario, la polarización se incrementó a partir del viraje estructural ocurrido en la vieja capital. Pero la diferencia también radica en que Guatemala, que no expulsó de sus tierras a los campesinos pobres, necesitó de leyes represivas para garantizar mano de obra en disposición de laborar en las fincas cafetaleras. De ahí que se dictaran decretos referidos a la vagancia y leyes sobre jornaleros.

Justo Rufino Barrios triunfó en cuanto a su proyecto estatal. Logró fortalecer el poder civil mediante la secularización del Estado. A su vez, favoreció el modelo agroexportador en beneficio del grupo dominante cafetalero y le facilitó la acumulación de capital. Así incrementó el grupo dominante, de forma que sus intereses resultaron más homogéneos. En aras de gobernar para un grupo reducido, se despreocupó de las formalidades del régimen político que, supuestamente, debería afirmarse en una democracia representativa. En el ámbito regional, luchó por rearmar la unidad centroamericana y buscó, en ese sentido, el apoyo de los otros estados. Para lo cual, primero trató de ayudar a que sus aliados llegaran al poder y luego intentó conquistar la reunificación. En 1885, de acuerdo con la Asamblea Legislativa, declaró la unidad, en una sola república, de los cinco Estados. En El Salvador logró que gobernara un correligionario: Rafael Zaldívar, pero las circunstancias políticas propias en que actuaba cada caudillo llevaron a que el salvadoreño le retirara su apoyo. Al final el gran reformador guatemalteco cayó abatido en la batalla de Chalchuapa en 1885. Con Barrios se frustó el último intento unitario guatemalteco del siglo.

En cambio Honduras, que en 1876 vio ascender a la presidencia al liberal Marco Aurelio Soto, no logró salir de una economía desarticulada y careció de una sociedad cohesionada. Mientras, Nicaragua vivió treinta años conservadores, a partir de la derrota de Walker, y no fue sino hasta 1893 que el liberal José Santos Zelaya asumió el poder. Sin embargo, la constante intromisión extranjera, en virtud del interés estratégico del territorio nicaragüense, condujo, en 1912, a la ocupación militar norteamericana. Costa Rica fue la excepción. Con una paulatina consolidación liberal y una economía en desarrollo se logró articular un sistema político estable.

EL SALVADOR HACIA EL CAMBIO LIBERAL. HECHOS Y HOMBRES

La implantación de un nuevo orden, denominado liberal, fue resultado de la fuerza triunfante de un grupo de la misma que se proponía adaptar las estructuras de la misma a los nuevos requerimientos del

mercado mundial y consolidar un Estado que, mediante un poderoso cuerpo jurídico y un sistema político republicano, fuera capaz de
custodiar los cambios acaecidos en favor de la agroexportación cafetalera. Sin embargo, como señala Rodolfo Cardenal, no todo fue novedoso dentro del nuevo sistema. El orden liberal fue, de alguna manera, una continuación del conservador porque no modificó la
estructura social de la Colonia. Mientras se afianzaba la matriz
agroexportadora, el poder de aquel pequeño grupo de grandes propietarios fundiarios y comerciantes se consolidaba y el papel de la mayoría de la población culminaba como proveedor de fuerza de trabajo al servicio de lo que se llama oligarquía cafetalera. Los conflictos
entre liberales y conservadores no ocurrían porque estuvieran en disputa ideas diferentes respecto a la estructura social, al contrario, unos
u otros caudillos pertenecían a ese grupo privilegiado. Es así que en
El Salvador, la consolidación de la oligarquía fue simultánea con la
lucha social contra el despojo agrario. De ahí también que los cambios que se reseñarán en adelante son parte de un proceso forjado
tanto por liberales como por conservadores.

Son tres las administraciones y los hombres que establecieron el
Estado liberal: Santiago González, Rafael Zaldívar y Francisco
Menéndez. Lo hecho durante este ciclo liberal configuraría el país del
siglo xx.

A Francisco Dueñas lo derrocó un levantamiento liberal encabe-
zado por el mariscal Santiago González, quien gobernó de 1871 a
1876. El liberal se rodeó de intelectuales, quienes contribuyeron a sus
dos principales labores: impulsar la instrucción pública y secularizar
el Estado. Durante su ejercicio se dictó la Constitución de 1872. En
ella se asentó la tolerancia de cultos y la enseñanza obligatoria. Así
se reafirmaron los principios liberales tantas veces reivindicados a lo
largo del siglo xix. Se garantizaron, a la vez, los derechos constitucionales y se puso en vigor la libertad de prensa. La promoción de la enseñanza a todos los niveles se hizo patente con la creación de varias
escuelas, entre las que figuran las normales de señoritas y varones, de
artes y oficios y la Universidad de Oriente y Occidente. En la Universidad colaboraron los científicos más prestigiosos, entre quienes se
encontraban Rafael Reyes, Juan Barberena, Francisco E. Galindo y
Carlos Bonilla. Asimismo se fundó el Diario Oficial. También en estos años abrió sus puertas el Teatro Nacional. La obra material no es-

tuvo ausente: se construyó la primera línea férrea entre la capital y Nuevo San Salvador, se inauguró el servicio telegráfico con Guatemala y se realizó el proyecto de fundación del Banco Agrícola Comercial. Un peculiar énfasis se puso en el desarrollo del cultivo cafetalero: se construyeron almacigueras y se distribuyó gratuitamente el grano a quienes se comprometían a plantarlo.

González debió hacer frente a sucesos naturales y políticos que alteraron la estabilidad de su administración. En 1873 otra vez un terremoto destruyó la capital y allí mismo se volvió a levantar. Al año siguiente se realizó una guerra contra Honduras y ya en 1872 se había producido otra. En ambas fue causa primordial el asilo a hombres ideológicamente opuestos al gobierno. En el año 1874 se produjo un levantamiento acaudillado por el clérigo José Manuel Palacios que se resolvió mediante la expulsión de la diócesis del obispo Luis Cárcamo y Rodríguez.

Esta sublevación clerical no fue casual. Cuando se formó la Asamblea Constituyente de 1871, para elaborar otra ley fundamental que anulara la conservadora de 1864, participaron representantes del clero. En aquella oportunidad los clérigos se oponían a aprobar los dictados de la Revolución Liberal, pero su resistencia mayor se expresaba contra la sanción de la libertad de cultos y de la enseñanza laica. La Iglesia no sólo tenía una situación secular de privilegio, sino que durante el gobierno de Dueñas fue altamente favorecida. Dueñas le otorgó prerrogativas tanto políticas como económicas. Aunque, señala Rodolfo Cardenal, el clero era consciente de que el rédito político que obtenía el caudillo era el principal motivo de su apoyo al orden eclesiástico. Entonces se dieron en la Asamblea Constituyente los primeros enfrentamientos y luego fue expulsada la congregación de los jesuitas, que ya lo había sido de Guatemala. La decisión se tomó más por presión capitalina que por interés nacional. Por último, se resolvió secularizar los cementerios. El clero más conservador se levantó en un intento por desestabilizar y derrumbar al gobierno liberal. En varios lugares surgieron conatos de levantamientos clericales a los que se les sumaban fieles. Las consecuencias fueron sangrientas, y la Iglesia no logró mantener bajo su arbitrio al Estado.

Santiago González llegó al fin de su mandato y expresó su deseo de abandonar el poder para no violar el principio de estabilidad política. Llegó al poder José Valle, quien heredó una crisis en las re-

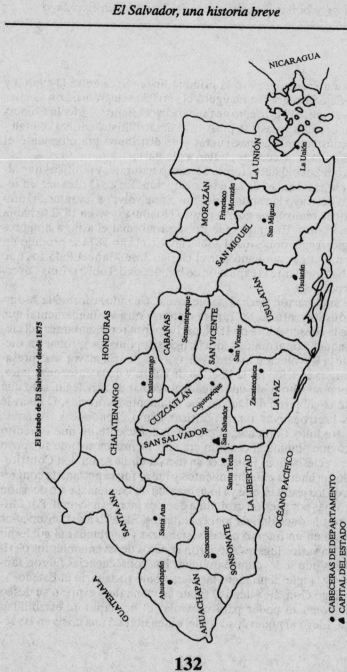

El Estado de El Salvador desde 1875

● CABECERAS DE DEPARTAMENTO

▲ CAPITAL DEL ESTADO

laciones con Guatemala. Justo Rufino Barrios desplegaba una política destinada a provocar caídas de gobiernos vecinos para poner en ellos a sus aliados. Honduras vivía una situación de este tipo y El Salvador se encaminaba a una circunstancia similar. Valle sostuvo una entrevista con Barrios y luego de ella comunicó que se preparaba una invasión al territorio salvadoreño. Santiago González sería el jefe de operaciones de la defensa. Después de algunos enfrentamientos llegó el momento de la conversación para la paz. En la misma se acordó el nombramiento de un presidente provisional para El Salvador acreditado por el liberal guatemalteco, para llamar de inmediato a elecciones. En esas circunstancias fue designado como presidente Rafael Zaldívar.

El novel mandatario se había destacado por su función como diplomático, misma que ejerció durante el gobierno de Francisco Dueñas. Permaneció en el gobierno de 1876 a 1885. Introdujo modificaciones a la Constitución que resultarían su mayor aporte al proceso de consolidación del Estado liberal. Afianzó las medidas emprendidas contra la Iglesia, de manera que incrementó el poder civil, hizo obligatorio el sufragio y reglamentó el sistema de tenencia de la tierra a partir de las leyes de extinción de 1881 y 1882. Ellas significaron la eliminación de las tierras ejidales y comunales, mismas que se asentaban en las zonas aptas para el cultivo de café, dejando inerme para la subsistencia a la mayoría de la población. Dos efectos se derivaron de inmediato: el desarrollo de la propiedad privada y la liberación de la mano de obra. El primero significó la aparición de gran cantidad de terrenos privados, pero casi todos eran propiedad de unos pocos; la acumulación de capital era un hecho. El segundo permitió que miles de ejidatarios y comuneros, ahora totalmente desposeídos, no tuvieran otra salida más que contratarse para el trabajo en las fincas. La mano de obra tan necesaria para la producción cafetalera ya estaba disponible y gran parte de ella pasó a ser asalariada. Las leyes de extinción estaban hechas para romper con las trabas al desarrollo agroexportador en provecho de los cafetaleros. Ellos fueron los favorecidos con las tierras de las comunidades indígenas y con la contratación de mano de obra barata y abundante. El Estado se encargó de que nada alterara el buen desempeño de la oligarquía cafetalera.

Zaldívar también efectuó obras materiales. Algunas fueron la terminación de obras ya iniciadas, como la inauguración de la línea ferroviaria construida por Santiago González. Otras se crearon bajo auspicios de su gobierno y entre ellas figuran el Museo Nacional, un edificio para la universidad, El Banco Internacional y los mausoleos a los liberales Francisco Morazán y Gerardo Barrios. También en el ámbito cultural, durante su administración, se estrenó el segundo himno nacional.

En el escenario regional, en 1885 aconteció el conflicto más relevante de las últimas décadas: el intento unitario de Justo Rufino Barrios. Zaldívar, que lo había apoyado en un principio, se opuso a la resolución de la Asamblea Legislativa guatemalteca que proclamaba la unidad en una sola república de los cinco estados ístmicos. Vino entonces nuevamente la guerra y otra vez el territorio salvadoreño fue escenario de las confrontaciones regionales. Éstas hacían patente que no siempre los contrarios eran tales en virtud de diferencias políticas. En el siglo xix los conflictos políticos centroamericanos tuvieron su origen en la aguda lucha de clases, producto de la profunda acumulación originaria de capital de una y del despojo de otras, y algunas confrontaciones en proyectos caudillescos o estamentales. Por uno de ellos murió Justo Rufino Barrios. Zaldívar quiso ser reelecto contra la disposición constitucional y posibilitó así una nueva revuelta, también liberal. La misma estuvo dirigida por Francisco Menéndez.

El general Menéndez, quien gobernó de 1885 a 1890, emitió la Constitución de 1886, hasta entonces la más importante del país. En ella se asientan definitivamente las reformas liberales. Anota Jorge Lardé y Larín que la Carta Magna, para su época, fue la más avanzada del continente.

La política gubernamental de este último caudillo liberal afirmó la labor de la instrucción pública. Por lo cual le correspondió el epíteto de "Padre de la instrucción pública". También mostró su preocupación por incrementar el erario público y lo logró tan satisfactoriamente que pagó buena parte de la deuda nacional. Las relaciones con la Iglesia se resolvieron mediante un acuerdo implícito que la obligaba a mantenerse alejada del poder político. En el terreno regional Francisco Menéndez procuró reconstruir la República Federal, sin que prosperara su proyecto. Una insurrección promovida por un hombre de su confianza, el general Carlos Ezeta, provocó su caída y su muerte.

LAS PRINCIPALES REFORMAS ECONÓMICAS Y POLÍTICAS

De acuerdo con lo que se ha venido señalando, las reformas claves que posibilitaron la consolidación del Estado oligárquico liberal fueron la privatización del sistema de tenencia de la tierra y la secularización del Estado.

El Salvador, a diferencia de Guatemala, afianzó la privatización fundiaria sobre la base de las tierras ejidales y comunales. Las leyes de extinción completan un largo proceso de rapiña legal. El despojo se dio de formas diversas, entre las que se cuentan decisiones gubernamentales para fijar límites, solicitud de títulos de propiedad, otorgamiento de los mismos bajo la condición del cultivo del grano de café y la prohibición de cosechas de subsistencia.

Pero estas medidas eran insuficientes. La percepción de los gobiernos liberales de la época era que el desarrollo comercial de la agricultura sólo sería posible si la tierra era apropiada privadamente. Lo consideraban así porque, según ellos, los métodos agrícolas practicados en las tierras de las comunidades indígenas eran inadecuados para promover nuevos y comercialmente más adecuados cultivos. El interés por desarrollar de manera privada la agroexportación del café exigió una medida radical: en 1881 se procedió a abolir el uso de tierras comunales. Con una concepción liberal pero a la vez capitalista, se dictó el primer decreto en febrero de 1881. La justificación del acto mismo aparece en el propio documento. Se decía que la existencia de esas tierras comunales impedía el desarrollo agrícola, trababa la circulación de la riqueza y debilitaba los lazos familiares y la independencia del individuo. De inmediato se decidió que la tierra se dividiera y pasara cada parcela a un comunero. Sin embargo, este reparto inicial sólo fue una farsa, porque la reglamentación que sobre el uso de las tierras se hizo volvía imposible que aquellos hombres carentes de todo recurso pudieran cumplir con las exigencias del proyecto cafetalero. Algunos trataron de integrarse desde su parcela a la producción pero no les fue posible. Un año después ocurrió lo mismo cuando la extinción se dictó para las tierras ejidales. Otras resoluciones en el mismo sentido se sucedieron, pero las de 1881 y 1882 provocaron el mayor viraje en el sistema de tenencia.

135

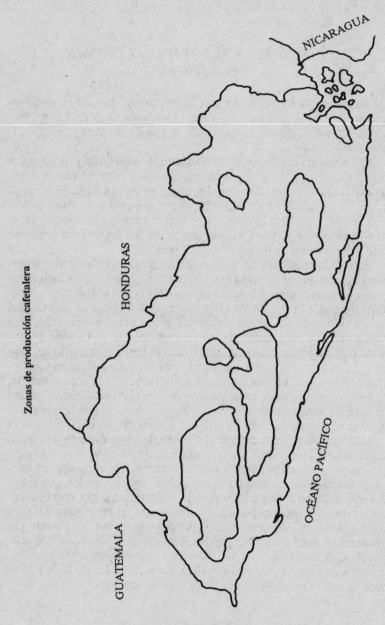

Como señala Flores Macal, el reparto de tierras en El Salvador no fue, en modo alguno, una reforma agraria democrática. El reparto de la riqueza fundiaria sólo favoreció a quien ya tenía acumulación de capital. Únicamente aquellos que tenían con qué sobrevivir podían pasarse cinco años esperando el resultado de la primera cosecha cafetalera. Hay que destacar la diferencia con Guatemala. Allí el crecimiento de la privatización y concentración de la tierra en pocas manos se hizo secularizando las propiedades eclesiásticas, en cambio, en El Salvador éstas no eran importantes en relación con la primera y las más se asentaban en el medio urbano y no en el rural. Rafael Guido Béjar afirma que en El Salvador existió una relación de la Iglesia con las tierras comunales a través de cofradías. Estas eran agrupaciones de fieles que poseían tierras comunales, por lo que la institución religiosa las usufructuaba económicamente y en este sentido se la perjudicó cuando acaeció la abolición. Los baldíos o bienes públicos eran tierras que, cuando se hicieron las reformas, ya casi no existían. Durante la introducción de los plantíos cafetaleros dichas tierras habían sido otorgadas para estimular el cultivo.

El Estado contribuyó a la consolidación de la nueva estructura tenencial con el bagaje jurídico ya mencionado y con la creación del registro de la propiedad raíz e hipotecas. Mediante éste quedaban aseguradas las propiedades. A la vez el Estado posibilitó la fundación de los primeros bancos, base del sistema financiero nacional. Así, en 1872 se crea el Banco Agrícola, en 1880 el Internacional, luego el de Occidente de Santa Ana y en 1885 el Particular. Los bancos sustituyeron al capital usurero y consolidaron también en la esfera financiera al inversor nacional.

La reforma raigal a la estructura agraria generó, por un lado, una situación deseada, la liberación de fuerza de trabajo, y, por el otro, la aparición de nuevas relaciones entre los sectores sociales. Una posibilitó la concurrencia al mercado de trabajo de miles de hombres libres, es decir, abundancia de mano de obra respecto a las necesidades, ya que El Salvador tenía una alta densidad poblacional, sobre todo en las zonas afectadas por las leyes. También en este aspecto hubo una diferencia profunda con Guatemala porque allí la secularización de la propiedad de la tierra no trajo consigo la liberación de la mano de obra. Por el contrario, con la reestructura del agro se instituyeron leyes que obligaban a los trabajadores a prestar sus servicios

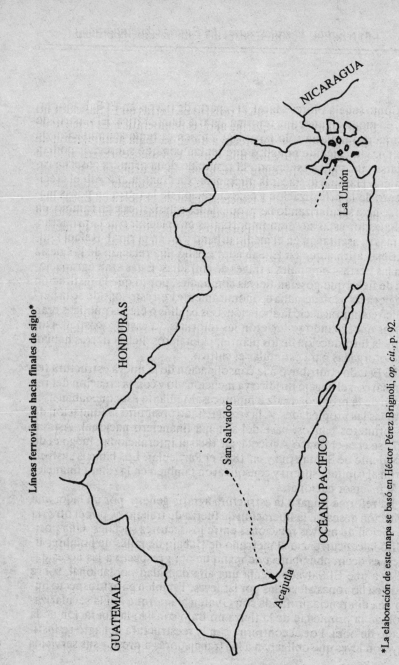

Líneas ferroviarias hacia finales de siglo*

NICARAGUA

La Unión

HONDURAS

San Salvador

OCÉANO PACÍFICO

Acajutla

GUATEMALA

*La elaboración de este mapa se basó en Héctor Pérez Brignoli, *op. cit.*, p. 92.

en las fincas cafetaleras. En El Salvador, la abundancia de hombres libres y la política del Estado que favorecía a los cafetaleros determinó que el salario recibido por ellos apenas fuera suficiente para sobrevivir. Sin embargo, los liberales salvadoreños no descuidaron que el bajo precio ocasionara escasez de trabajadores y se aseguraron el cumplimiento laboral mediante resoluciones legislativas conocidas como leyes de jornaleros, de creación de jueces agrarios y contra la vagancia. Además, el Estado implantó un aparato represivo creando la policía montada.

La otra consecuencia de la reforma fue la que condujo a cambiar la sociedad. Ella adquirió rasgos modernos, o capitalistas, aunque las prácticas señoriales y caudillescas se mantuvieran. Quedaron perfilados los sectores sociales. Aquellos que poseían su riqueza en la tierra eran grandes latifundistas cafetaleros o hacendados. Junto a ellos, o entrelazados, estaban los comerciantes que, en algunos casos, también eran financieros. Este último grupo se nutrió de inmigrantes europeos que, como ya se ha visto, llegaron con capital. Ese capital lo invirtieron en aquello que era el proyecto más prometedor: la exportación del café. Así, entraron ya fuera por el comercio o por el crédito a la economía agroexportadora y fueron parte del reducido grupo al cual el Estado brindó sus servicios.

Los afectados por las medidas abolicionistas acudieron al mercado de trabajo de diferentes maneras y, en general, lo que los unificó fue la práctica temporal de sus labores. Algunos serían aparceros, colonos y también arrendatarios en las haciendas, otros más ocuparían ilegalmente tierras para cultivar alimentos y todos trabajarían durante la cosecha en las fincas.

Fueron pocos, y en general ladinos, quienes habiendo logrado mantener una pequeña propiedad se dedicaron a cultivar alimentos y comercializar sus excedentes. Allí la labor agrícola se hizo sobre la base del trabajo familiar y la comercialización se fue extendiendo, con lo cual se integraron gradualmente al mercado nacional. Pero esta incorporación se hizo, por lo general, mediante la venta de sus productos a grandes productores. En las épocas de cosecha cafetalera también estos pequeños propietarios se empleban en las fincas.

Hasta principios de este siglo no se pueden apreciar nuevos componentes urbanos en la sociedad salvadoreña. Lo que sí se debe reafirmar es que este proceso de polarización social no fue ajeno al mundo colonial, pero sí diferente si se considera el despojo ejidal y comunal, ocurrido en medio de una constante lucha social. Los levantamientos campesinos, que poblaron el suelo salvadoreño desde finales del siglo XVII, y que luego de la independencia tuvieron su mayor exponente en la revuelta de Anastasio Aquino, a medida que aparecía el "hambre de tierra" para hacer crecer el grano y que se hacían sentir las consecuencias del saqueo a los campesinos, reaparecieron en sucesión permanente. Las luchas sociales más profundas se dieron en 1872, 1875, 1885 y 1889, para culminar con la más sangrienta de todas en 1932. Cada una de ellas fue reprimida por demandar las tierras ancestrales o por no cumplir con los compromisos laborales o por inconformidad rebelde ante las expropiaciones. Así la estructura social se afirmó mediante una práctica reiterada de violencia extraeconómica.

El poder paralelo que significó la Iglesia durante los sesenta años de vida independiente, para no mencionar los trescientos de la Colonia, fue derrotado por las radicales reformas de finales del siglo XIX.

El modelo liberal que se imponía no admitía otro poder más que el civil, porque económicamente no era conveniente para el grupo en ascenso, y el pragmatismo no admitía ninguna solución extraterrenal. Pero además la ideología que sustentaba el nuevo poder civil era fiel defensora de la libertad del hombre, empezando por la libertad de conciencia. Por eso, si alguna distinción hubo entre liberales y conservadores, ella pasó por la posición frente a la Iglesia. Durante el siglo XIX fue cuando las decisiones secularizantes del Estado avanzaron y retrocedieron según el bando que tuviera el poder en sus manos.

Las reformas liberales fueron radicales: se separó definitivamente la Iglesia del Estado y ésta tuvo que rendir obediencia al poder civil constituido. Así, la libertad de cultos y la enseñanza laica fueron, en adelante, preceptos constitucionales. Por lo tanto la secularización de los cementerios resultó consecuencia lógica de este proceso. Los bienes eclesiásticos fueron secularizados y convertidos en edificios públicos de diversa índole.

La Iglesia se opuso en especial a la enseñanza laica y a la libertad de cultos, dado que ellas harían posible prácticas herejes. El Salvador no se caracterizó por tener una Iglesia poderosa como la guatemalteca. Asimismo, la historia particular de la vieja Provincia facilitó que la lucha política penetrara en la institución y que muchos de sus clérigos se situaran en posiciones liberales.

Cuando triunfaron los subversivos la Iglesia, como organización, se acopló finalmente a los cambios y, como anota Rodolfo Cardenal, se desentendió del poder político, reconoció a los gobiernos establecidos y por ello legitimó y garantizó la elección divina recaída en el gobernante en turno. Al decir de este autor, la Iglesia estuvo siempre del lado de los vencedores. Se adaptó al régimen liberal en turno para sacarle provecho, pero nunca descuidó la posibilidad de regresar a un régimen conservador, en el cual, para ella, todo era beneficio y poder.

El Estado salvadoreño se mantuvo sin cambios hasta 1945 sobre la construcción jurídica que fue la Constitución de 1886. A partir de ella se buscó convertir en autoridad legítima un poder ya constituido. Un modelo político ideal de democracia constitucional y un Estado centralizador de las funciones esenciales —interventor en la esfera política y guardián de las estructuras generadas—, fueron las claves del sistema institucionalizado. Éstas se incluyeron en la Carta Magna, que permitió crear las bases de legitimación ideológica del grupo dominante. El mismo se consolidó como tal desde aquel entonces.

De ahí que Mario Salazar Valiente perciba el ingreso al siglo xx como el triunfo del grupo cafetalero que conformó un aparato jurídico-político, unas instituciones y un bagaje ideológico adecuados a sus intereses. También de ahí se puede afirmar que están consolidadas las bases del Estado nacional contemporáneo.

Epílogo

Para entender el Estado nacional contemporáneo es necesario revisar sus bases constitutivas. El Salvador, que mantuvo una prolongada estructura colonial, se proyectó a la modernidad hacia fines del siglo pasado. Las reformas liberales acaecidas entonces subvirtieron aquella estructura mediante la irrupción de un modo de producción que alteró la conocida composición clasista. Sin embargo, la característica del Estado que emergió reafirmó los rasgos sociales existentes.

Los rasgos coloniales de una sociedad altamente jerarquizada y desigual se remozaron, para acentuarse, una vez que el país se insertó como agroexportador cafetalero en el mercado capitalista mundial. Los viejos grupos o clases sociales que en el pasado se unificaban no sólo por sus actividades laborales y por las relaciones que mantenían con los medios de producción, sino también por la referencia racial o étnica darían lugar a nuevos componentes que, aunque no eran racialmente homogéneos, preservaron lo sustancial: la pirámide social heredada desde la Colonia. Es así que aquélla, presentada en los albores de la independencia, se reforzó con el cambio. Una anchísima base humana, ahora totalmente desposeída —ya no contaba ni siquiera con la tierra de donde proveer los alimentos indispensables para subsistir— contrasta con un reducido vértice que representa la incipiente oligarquía cafetalera. Ésta sería la que dominaría la vida económica y política del país durante el siglo XX.

143

La vieja y la nueva sociedad mantienen en común el carácter esencialmente agrario. La vida transcurrió en el ámbito rural, y aunque el divorcio producido por la separación de los productores de sus medios de producción —leyes de extinción mediante— favoreció la inmigración a los centros urbanos, no se generaron cambios en el eje de la economía.

La agricultura continuó siendo el sector económico y social dominante, pero en ella se realizó la principal innovación, un cambio paulatino primero y violento al final que transformaría el sistema de tenencia de la tierra. El mundo colonial rompió con siglos de propiedad comunitaria e introdujo la propiedad privada. A la postre esto devino en la extinción total del sistema tradicional y en la consolidación del sistema cuya forma misma es la propiedad privada.

Pero este largo proceso fue acompañado de permanentes expresiones de rebeldía, que en muchos casos no pretendían ir más allá de la protesta. Los levantamientos indígenas, o más globalmente campesinos, respondían no sólo a medidas expropiatorias de sus tierras sino también a una amplia gama de dictámenes estatales que gravaban su vida, ya paupérrima, y amenazaban su integridad. La memoria histórica de infinidad de levantamientos reforzó en las grandes masas de comuneros y ejidatarios la conducta subversiva. Lo que la historia salvadoreña hace patente es la radicalidad de la lucha social, el carácter masivo de la lucha de clases y la profunda incidencia de las reformas liberales en las contradicciones sociales existentes, las más agudas de Centroamérica por su peculiar forma de aplicación. La manifestación más imponente de estos rasgos históricos fue el movimiento de 1932: miles y miles de campesinos tomaron por asalto varias ciudades y poblados de la zona occidental del país.

Las condiciones generadas para el desarrollo agroexportador significaron un mayor empobrecimiento del grueso de los salvadoreños, un incremento de la violencia estatal que hizo más lento el proceso de organización de los trabajadores y la tardía aparición, y a la vez restringida actividad, de los partidos tradicionalmente vinculados a la clase obrera. Fue así como el Estado nacional liberal procreó una polarización más aguda de las clases que, aunada a los estragos de la bancarrota mundial del año de 1929, volvieron insostenible la situación de los trabajadores agrarios. Pese a la fuerza del movimiento de 1932, el gobierno dictatorial del general Maximiliano Hernández Martínez logró sofocarlo con la acción del ejército y mediante un genocidio de enorme magnitud en el contexto latinoamericano.

Si bien la independencia produjo una ruptura importante, ella alcanzó solamente el manejo del Estado. Hubo que esperar medio siglo para que se vislumbrara un viraje estructural, que supuso el cambio en el modo de producción y en la función que el país cumpliría en el mercado internacional. La promoción y exportación del café resultaron elementos de ruptura de la estructura salvadoreña que prolongaba la época colonial.

El naciente sector cafetalero, germen del grupo hegemónico del presente siglo, al tiempo que define las medidas necesarias para el crecimiento de la producción del grano, creó su propia conciencia nacional. De esta forma, en la medida que se destruían bases y visiones del mundo colonial, se reforzaban aquéllas que sustentarían y alentarían al Estado nacional.

Las tres últimas décadas del siglo xix concentraron muchos dictámenes que afectaron todos los órdenes del Estado salvadoreño. Fue desde el Estado que se hizo la transformación estructural porque los cafetaleros habían arribado al poder antes que se hicieran imprescindibles las modificaciones sociales. Así, dueños del manejo estatal, procedieron a quitar las trabas al desarrollo del capitalismo agrario.

La tierra pasó de manos de los comuneros y los ejidatarios, indígenas y ladinos, a un grupo reducido de individuos, los cafetaleros, y al unísono se generó fuerza de trabajo libre. Aquellos miles de hombres desposeídos se convirtieron repentinamente en la fuerza productiva necesaria para el cultivo del café.

El andamiaje jurídico-político creado por las reformas liberales posibilitó que el nuevo Estado actuara de acuerdo con las nuevas condiciones del mercado capitalista mundial y favoreció los intereses cafetaleros, expresiones de la burguesía agraria. Exclusión de los más en beneficio de los menos fue el resultado del desarrollo del Estado nacional liberal.

El liberalismo económico, exitoso en los países desarrollados, y el sistema político republicano, defensor de la soberanía y la igualdad, integraron la filosofía que justificó los cambios. Con esta filosofía se logró la riqueza a través de un Estado centralizador, garante del libre juego de las fuerzas del mercado y promotor de la legislación idónea para preservar el desarrollo. De ahí que se pensara que la aplicación sin más de una misma filosofía sin reparar en el lugar de su realización, devendría en idénticos resultados.

Por eso se buscó que el Estado salvadoreño impulsara las principales transformaciones: reforma al sistema de tenencia de la tierra, liberación de mano de obra y creación de cuerpos represivos capaces de preservar el orden del capitalismo agrario.

Una vez que se eliminaron las barreras para el desarrollo cafetalero se consolidó la dominación de la burguesía agraria, cuya expresión hegemónica fue y es la oligarquía cafetalera. Ésta representa no sólo el poder fundiario sino que, gracias a su papel en el sistema bancario nacional, se consolidó en el ámbito financiero y en el comercial. Esta extensión del poder de un pequeñísimo grupo social redundó en su reafirmación como elite dominante. También contribuyó a ello su historia ajena al capital extranjero.

El Salvador sobresale en el contexto regional por la ausencia de capitales extranjeros en la esfera productiva. Los capitales de inmigrantes europeos se fusionaron, en su mayoría, mediante vínculos matrimoniales con las familias económicamente más poderosas. Los ingleses hicieron pesar su injerencia a través del comercio y, una vez vivido el cambio de eje imperial en el siglo xx, los Estados Unidos de América modificaron las formas de intervención.

La clase dominante no estaba interesada en transformar la manufactura en industria y por tanto en crear un mercado nacional. Por ello, el Estado beneficiaba exclusivamente a la burguesía agraria y no sería sino hasta alrededor de 1950 cuando los intereses de compañías transnacionales predominaron y promovieron el desarrollo de algunas industrias.

La oligarquía obtuvo el control casi completo con la definición del Estado de fines del siglo xix. Pero los años que van hasta 1930 muestran desacuerdos en el grupo dominante y una aguda lucha social como resultado del papel que las fuerzas libres del mercado, estimuladas por el Estado, jugaron en detrimento de grandes masas que estuvieron obligadas a trabajar a cualquier precio y en las peores condiciones.

El Estado promotor del capitalismo agrario adquirió sus rasgos definitivos con la dictadura militar del general Hernández Martínez que se prolongó hasta 1944. Ella acaba con los elementos contradictorios que viciaban el proceso político: las formas democráticas, a pesar de ser sostenidas mediante prácticas represivas y violentas, fueron

146

borradas. Un Estado dictatorial e interventor en todas las esferas rompió con el intento de aplicar sin más el liberalismo clásico en una sociedad radicalmente diferente a las europeas, y marcada por el atraso cultural y el predominio agrario. La idea democrática liberal era incompatible con la estructura económica salvadoreña. Se necesitó de una dominación militar para consolidar el Estado nacional de la burguesía agraria.

*Cronología comparada**

El Salvador	México
	1517
	Francisco Hernández de Córdoba explora las costas de Yucatán.
	1518
	Juan de Grijalba explora las costas del Golfo de México.
	1520
	Cortés: *Cartas de Relación.*
	1521
	Cortés toma Tenochtitlan. Cuauhtémoc es sacrificado en Izancanac.
	1522
El piloto Andrés Niño llega al golfo de Conchagua y lo denomina golfo de Fonseca.	

* Parte de la cronología de México se reproduce de *Historia de México,* México, Salvat Editores de México, S.A., 1978, vol. 13 y de Eugenia Meyer (coord.), *Museo Nacional de las Intervenciones,* México, INAH, 1981.

149

El Salvador	México

1524

Empieza la conquista de la población nativa a partir de la llegada de Pedro de Alvarado. Los indígenas sostuvieron la resistencia durante mucho tiempo. A partir de este año el territorio pasa a formar parte de la gobernación de Guatemala, que luego se denominará capitanía general o reino.

1525

Gonzalo de Alvarado funda la villa de San Salvador, la cual fue incendiada por los indígenas. Se levantaron a partir de este año muchas de las actuales ciudades en calidad de villas o pueblos.

1528

Diego de Alvarado funda nuevamente la villa de San Salvador.

1536

Cortés llega al Golfo de California. Fray Alonso de la Veracruz a México.

1537

El 10 de junio llega una bula de Pablo III en favor de los indios de Nueva España.

1539

Erección de la diócesis de Chiapas. Hernando de Soto explora las tierras del Golfo de México.

1541

Fundación de Valladolid (Morelia) en Nueva España.

El Salvador	México
	1542
	Nuevas leyes en favor de las Indias. Capitanía General de Yucatán. Fundación de Guadalajara.
	1543
	Prohibición de reducir a los indios a esclavitud.
	1546
San Salvador recibe el título de ciudad.	Erección de la archidiócesis de México y constitución de la provincia eclesiástica mexicana. Zumárraga, arzobispo.
	1547
Desde este año no se registraron sublevaciones indígenas de importancia.	Se establece la Inquisición en México. Muerte de Hernán Cortés.
	1549
Empieza a funcionar un centro escolar para hijos de españoles.	
	1550
	Don Luis de Velasco, virrey de Nueva España. Fundación de Querétaro.
	1551
Se funda el convento de San Francisco.	
	1552
	En las minas de Pachuca se inicia el procedimiento de amalgamación para la explotación de minerales.
	1554
	Fundación de Guanajuato.
	1555
Se funda Sonsonate.	Primer Concilio Mexicano.

151

El Salvador	México

1563

Comienza la comercialización del añil; sin embargo el cacao es el principal producto de la economía.

1565

Segundo Concilio Mexicano.

1566

Don Gastón de Peralta, virrey de la Nueva España. Conspiración de don Martín Cortés, marqués del Valle.

1568

Don Martín Enríquez de Almanza, virrey de la Nueva España. Bernal Díaz del Castillo: *Historia verdadera de la conquista de la Nueva España.*

1570

Se establece el convento de los dominicos en Sonsonate.

1571

Fundación en México del Tribunal del Santo Oficio.

1572

Llegan los jesuitas a México.

1576

Fundación de León y San Luis Potosí.

1580

Izalco es reconocido como villa.

1585

Álvaro Manrique de Zúñiga, virrey de Nueva España. Tercer Concilio Mexicano.

El Salvador   **México**

1625

Ocurre una sublevación de negros esclavos, los cuales fueron introducidos
para salvar los inconvenientes de la
prohibición del uso de mano de obra
indígena en los obrajes añileros.

1627

España prohíbe el tráfico comercial
entre Nueva España y el Perú.

1633

El 12 de agosto, saqueo de Campeche
por corsarios holandeses, capitanea-
dos por Juan de Fors.

1635

Se construye la ciudad de San Vicente.

1636

El cacao pasó a segundo plano en la
economía.

1641

Se establece la primera imprenta que
funciona en Centroamérica.

1648

La erupción de un volcán originó la
formación de la laguna de Zapotitlán.

1650

Los españoles elevan sus protestas a
la metrópoli por las restricciones en el
uso de mano de obra indígna. La escasez de mano de obra y el "hambre
de tierras" estuvieron presentes durante un siglo provocando un periodo
crítico para la producción añilera.

1656

Fundación de Querétaro.

El Salvador	México
	1672
	Carlos de Sigüenza en la Universidad de México.
	1682
Las costas salvadoreñas del golfo de Fonseca son asoladas por piratas ingleses.	
	1683
	Toma de Baja California por los españoles.
	1693
	Sigüenza y Góngora: *El Mercurio Volante*, primer periódico de Nueva España.
	1700
A partir de este año se impulsa la construcción de iglesias en distintas poblaciones.	
	1721
	Conquista de Nayarit.
	1733
Circulan en la provincia de San Salvador monedas acuñadas en Guatemala.	
	1734
	Construcción de la Casa de Moneda en México.
	1738
Se revoca la prohibición del trabajo indígena en los obrajes de añil.	
	1740
El número de haciendas en el país es de 267, sin considerar las que hay en	

154

El Salvador   **México**

los departamentos de Ahuachapán y Sonsonate.

1741

Guanajuato es erigida en ciudad.

1742

Entre 1725 y 1742 se pierde Nacaome, que pasa a formar parte del territorio hondureño. Con ello se consolida la frontera oriental, quedando como límite el río Goascorán.

1746

Francisco de Güemes y Horcasitas, conde de Revillagigedo, virrey de Nueva España.

1750

A partir de este año crece la demanda europea del añil y aumenta el volumen exportable.

1751

Se abre el Seminario Conciliar de San Ildefonso de Mérida, elevado más tarde a la categoría de Universidad.

1754

La Corona recomienda vigilancia a los funcionarios oficiales para "evitar composiciones injustas" en lo relativo a la consolidación de las "haciendas de facto".

1755

Recibe el gobierno de la Nueva España a Agustín de Ahumada y Villalón.

1756

Se embarcan en Sonsonate las exportaciones de añil.

El Salvador	México
	1759
	Carlos III es jurado en México como rey de España.
	1760
	Francisco Cajigal de la Vega recibe interinamente el gobierno de la Nueva España. Joaquín de Montserrat sustituye a Francisco Cajigal. Se empiezan a aplicar las reformas borbónicas.
	1761
Funciona en Apastepeque la feria del añil.	Estalla en Yucatán una rebelión indígena encabezada por Jacinto Canek.
	1762
	Con motivo de la toma de La Habana por los ingleses, se forma un ejército colonial en la Nueva España.
	1764
	Desembarcan en la Nueva España dos regimientos de tropas españolas para fortalecer al ejército.
	1765
	Llega a la Nueva España el visitador José de Gálvez. Joaquín de Montserrat es destituido.
	1766
	Se suspenden los permisos a fábricas o talleres particulares para elaborar puros y cigarros. Levantamiento en Guanajuato contra las oficinas de la administración del estanco del tabaco. Recibe el gobierno de la Nueva España a Carlos Francisco de Croix.

El Salvador	México

1767

Los productores de añil se quejan del ineficiente trabajo de los indios, mestizos y negros y solicitan medidas para solucionar este problema.

El visitador Gálvez presenta su plan original de intendencias. Por orden del rey Carlos III son expulsados los jesuitas de todas las posesiones españolas. Se clausura el Colegio de San Ildefonso y los bienes de los jesuitas pasan a depender del fisco.

1768

En el periodo comprendido entre 1768 y 1770 en todo el territorio hay 458 haciendas.

Real orden por la que se establece el Colegio de Cirugía en el Hospital Real de Indios de México.

1769

Se instala la Real Fábrica de Puros y Cigarros de México y se crean las de Puebla, Querétaro, Oaxaca, Orizaba y Guadalajara.

1770

Según los informes parroquiales, el número de habitantes del país es de 120 092, más 12 000, aproximadamente, de Zacatecoluca, Olocuilta y Gotera. La cantidad de españoles residentes en el territorio es de 350 a 400, entre 1770 y 1807.

Comienza el alza de la producción minera.

1771

Por orden del gobierno español se reduce la ley de plata a la moneda. Toma posesión el virrey Antonio María de Bucareli. El ayuntamiento de la ciudad de México envía al rey Carlos III una *Representación* solicitando la preferencia por los criollos sobre los europeos en la distribución de empleos y beneficios del reino.

El Salvador	México

1773

El virrey Bucareli obtiene un préstamo de dos millones de pesos para fondo de la Casa de Moneda.

1774

Los comerciantes y hacendados elevan varias peticiones para solicitar la utilización del puerto de Acajutla. Por real provisión se ordena la rehabilitación del puerto para comerciar con El Callao. Las autoridades de Guatemala no autorizan la construcción del camino adecuado para conectar San Salvador con Acajutla.

Por real cédula se levanta la prohibición que impedía el comercio entre Nueva España y los virreinatos de Nueva Granada y Perú. Se funda el Hospital de Pobres.

1775

Pedro Romero de Terreros funda en la ciudad de México el Monte de Piedad.

1777

Se crea el Real Tribunal de Minería.

1779

Muere el virrey Bucareli. Se hace cargo del virreinato de la Nueva España Martín de Mayorga. Crisis agrícola.

1781

Matías de Gálvez ocupa el cargo de virrey. Los comerciantes del puerto de Veracruz solicitan la erección de un consulado independiente.

1783

Se establece el Monte Pío de Cosecheros de Añil, el cual proporciona

El Salvador   **México**

créditos que dan mayor impulso a la
producción añilera. La feria de venta
de añil se traslada a San Vicente.

1784

Por real despacho se funda la Real
Academia de San Carlos.

1785

Septiembre: Por Cédula Real se establece la Intendencia de San Salvador.

Recibe el gobierno de la Nueva España Bernardo de Gálvez. Crisis de-
mográfica provocada por una epidemia.

1786

Continúan fundándose misiones y ex-
plorándose los caminos para mejorar
la comunicación con la Alta California. Muere el virrey Bernardo de
Gálvez. La Audiencia asume el gobierno. Implantación del sistema de
intendencias.

1787

Recibe el gobierno de la Nueva España Alonso Núñez de Haro. Recibe
el gobierno de la Nueva España Manuel Antonio Flores.

1789

En Santiago Nonualco, los peones de
los obrajes se amotinan frente a la alcaldía en protesta por el salario de dos
reales, que no siempre los hacendados pagan en dinero sino en especie.

Introducción del alumbrado público
en la ciudad de México. Recibe el gobierno de la Nueva España Juan Vicente de Güemes Pacheco, conde de
Revillagigedo. Se proclama al rey
Carlos IV. El Consulado de Comerciantes de México pierde el monopolio exclusivo de importación y exportación de sus bienes.

El Salvador	México
	1790
	La exportación de azúcar llega a 400 000 arrobas. Se prohíbe la introducción de libros y papeles sobre la revolución francesa, considerados sediciosos.
	1791
Agosto: Una cédula real dicta que la intendencia salvadoreña se titule Intendencia-Corregimiento.	
	1792
Fecha de la fase de auge del añil. Se suprime la feria anual del añil.	Apertura del Colegio de Minería. Se inaugura la Real y Literaria Universidad de Guadalajara.
	1793
Se funda el Consulado de Comercio de Guatemala.	
	1794
	Recibe el gobierno de la Nueva España Miguel de la Grúa Talamantes.
	1795
	El Ayuntamiento acusa el virrey Revillagigedo en un juicio de residencia. Se inaugura el primer curso de mineralogía en México. Se crean los consulados de Veracruz y Guadalajara.
	1797
	Se comienza a construir el palacio de Minería.
	1798
El Consulado suspende la construcción del camino hacia la provincia salvadoreña por falta de recursos.	Se enajenan a beneficio de la caja de amortización todos los bienes raíces de hospitales, casas de misericordia y

160

El Salvador

México

obras benéficas del clero. Recibe el gobierno de la Nueva España Miguel José de Azanza.

1799

El obispo Abad y Queipo propone una serie de medidas para mejorar la condición del indio. El intendente solicita al virrey la disolución de todas las corporaciones gremiales.

1800

De 1800 a 1820 decrece la producción del añil a causa del debilitamiento de los fondos del Monte Pío de Cosecheros, de los conflictos políticos de España y de la competencia del tinte producido en las Indias Orientales.

Recibe el gobierno de la Nueva España Félix Berenguer de Marquina. Según Humboldt, la población de la Nueva España asciende a 4 832 000.

1801

Sublevación en Tepic que pretende restablecer la monarquía indígena.

1802

El valor del tabaco labrado llega a $7 686 834 y produce a la Corona $4 092 962.

1803

Se dicta una real ordenanza que solicita la elaboración de un informe sobre la situación de la provincia de San Salvador. En San Vicente se producen, durante el año, 73 076 libras del añil de la mejor calidad. A partir de este año se exime de impuestos a los añileros y se reinstala la feria anual.

Visita del barón Alejandro von Humboldt, quien, con base en sus observaciones, escribe el *Ensayo político sobre el reino de la Nueva España*. Llega José Iturrigaray como virrey.

1804

Abril: Se designa como corregidor-intendente a Antonio Gutiérrez y Ulloa

Se promulga la Cédula de Consolidación de Vales Reales.

161

El Salvador

en sustitución de Luis de Arguedas.
Antonio Gutiérrez y Ulloa presenta
un informe sobre la situación
económico-social del territorio a su
cargo. De los 15 partidos catastrados
por el intendente, resulta una población de 165 278 personas, que viven
en 2 ciudades, 3 villas, 122 pueblos de
indios, 4 pueblos, 82 aldeas y 30 reducciones de mulatos; el conjunto de
la población se distribuye en: ladinos
54.1%, blancos 2.8% e indios 43.1%.
El número de haciendas registradas
en el territorio, excluyendo a Sonsonate y Ahuachapán, es de 443.

México

1805

El comercio novohispano sufre deterioros a consecuencia de los conflictos
entre España e Inglaterra.

1806

La Nueva España se alista a la defensa frente al peligro que representan
los ataques ingleses en América del
Sur.

1807

Se publica el *Ensayo político sobre el
reino de la Nueva España,* de Humboldt.

1808

Junta de gobierno para definir la soberanía nacional ante la invasión napoleónica en España. Golpe de Estado de Gabriel de Yermo. Iturrigaray
es destituido y en su lugar es nombrado Pedro Garibay. La Junta Central
de España ordena la destitución de

El Salvador   **México**

Garibay y nombra virrey a Francisco de Lizana.

1809

La Regencia invalida la Cédula de Consolidación de Vales Reales. Es descubierta la conspiración de Valladolid, integrada por oficiales criollos y miembros del bajo clero.

1810

Ante la invasión napoleónica a España y la abdicación de los reyes, se constituyen las Cortes de Cádiz que exhortan a las colonias a enviar representantes; la provincia salvadoreña designa al presbítero José Ignacio Ávila. A partir de este año se registran movimientos de protesta contra el orden colonial. Se establece un tribunal de fidelidad con el fin de juzgar a los que propalen ideas contrarias a la Corona. En San Miguel se producen conatos de rebeldía y los insurrectos son llevados al tribunal.

Los oidores de la Real Audiencia y los comerciantes sustituyen a Lizana por Francisco Javier Venegas. Se descubre la conspiración de Querétaro en la que Miguel Hidalgo y Costilla, Ignacio Allende y Juan Aldama intentaban constituir una junta que gobernara la colonia. Hidalgo, cura de Dolores, inicia el movimiento de independencia con el Grito de Dolores: "Viva la religión. Viva nuestra madre santísima de Guadalupe. Viva Fernando VII. Viva la América y muera el mal gobierno." Una vez iniciado el movimiento insurgente, Hidalgo se dirige a Atotonilco y Celaya, donde es nombrado capitán general del movimiento. Triunfante, toma Guanajuato. Comienzan las diferencias entre Hidalgo y Allende, el primero sigue hacia Valladolid y Guadalajara. Promulga la abolición de la esclavitud y el reparto de las tierras a los naturales; establece un programa de reformas sociales. Se edita el periódico insurgente *El Despertador Americano*. José María Morelos y Pavón inicia el movimiento libertador de Carácuaro,

El Salvador

México

Michoacán. Hidalgo, a las puertas de la ciudad de México, decide no atacar; se repliega a Celaya. Divididos los insurgentes, Allende marcha a Guanajuato e Hidalgo a Valladolid.

1811

Enero: Las autoridades civiles y eclesiásticas emiten un edicto que prohíbe y manda requisar todos los impresos que se refieran a la independencia americana. *Febrero:* Se clausura el tribunal de fidelidad y son liberados los insurrectos migueleños. Por orden del capitán del reino son trasladados a la ciudad de Guatemala las armas y fondos que había en San Salvador. *Noviembre:* La intendencia, por órdenes de la capitanía, manda a prisión al padre Manuel Aguilar y obliga a comparecer a Nicolás Aguilar ante las autoridades de Guatemala. *Noviembre-diciembre:* Se efectúan levantamientos en San Salvador y en las localidades, entre otras, de San Pedro Grande (San Martín), Usulután, Chalatenango, Tejutla, Santa Ana, Metapán, Cojutepeque y Sensuntepeque, provocados por el descontento ante la administración colonial, que corresponden a los primeros intentos de emancipación. *Noviembre:* Antonio Gutiérrez y Ulloa y el alcalde primero Bernardo de Arce y Lira dan parte al presidente de la Real Sala del Crimen de los acontecimientos de los días 4 y 5 de noviembre ocurridos en San Salvador. Los insurrectos deponen al intendente, proclaman autonomía y nombran sus

Se inician los reveses de los insurgentes. Félix María Calleja al mando del ejército realista toma Guanajuato y Guadalajara y derrota a Hidalgo en Puente de Calderón. Los insurgentes se retiran hacia el norte. En Acatita de Baján caen en una emboscada y son hechos prisioneros. Hidalgo, Allende, Aldama y José Mariano Jiménez, son sentenciados y ejecutados. Sus cabezas son colgadas en la Alhóndiga de Granaditas, Guanajuato.

164

El Salvador   **México**

autoridades. El capitán del reino designa como intendente al coronel José de Aycinena. El Ayuntamiento de San Miguel manda quemar en la plaza pública la invitación de los insurrectos de San Salvador para que se unan al movimiento de independencia. Los ayuntamientos de Santa Ana, San Vicente y Sonsonate desaprueban los movimientos insurgentes. *Diciembre*: Llega el coronel José de Aycinena. Son reducidos a prisión los conjurados del 5 de noviembre y José Matías Delgado es confinado en Guatemala.

Enero: Por orden del capitán general se suprime el tributo indígena, el cual se reestablece en 1814 cuando Fernando VII vuelve a ocupar el trono. *Marzo:* El capitán general indulta a los conjurados salvadoreños de 1811. José Ignacio Ávila, en representación de la provincia, solicita en las Cortes Españolas la erección de la Mitra de San Salvador, las cuales admiten la proposición y la remiten a la Regencia para la consecuente provisión. *Junio:* La Regencia de España premia a las capitales de los tres partidos que se opusieron a la insurrección del 5 de noviembre de 1811 otorgándoles título de ciudad o villa según el caso, y a los curas párrocos de los tres pueblos, el de canónigos de la Metropolitana de Guatemala, en pago de su eficaz actuación en contra de la independencia. *Julio:* Se dicta cédula real ordenando al capitán general que proceda a la formación del expediente de creación y acumule los datos, in-

165

El Salvador

México

formes y diligencias previas para establecer el obispado de San Salvador. Las Cortes confirman los títulos dados por la Regencia a San Miguel, San Vicente y Santa Ana, pero niegan los honores de canónigos a los párrocos de dichos pueblos. *Septiembre:* Se recibe en San Salvador la Constitución española promulgada en Cádiz el 19 de marzo de este año. Cédulas reales del 18 de marzo y del 23 de mayo, que ordenan la publicación de la Constitución y el indulto concedido a todos los reos y un decreto de las Cortes otorgando que fueran popularmente electos los ayuntamientos de los pueblos aunque no tuvieran 1 000 habitantes. *Octubre:* Se jura en San Salvador la Constitución española.

1812

Concluye la segunda campaña de Morelos en Orizaba, ya al frente del movimiento insurgente, posteriormente inicia su tercera campaña. Llegan tropas españolas que discriminan a los criollos del ejército realista. La Junta de Zitácuaro convocada por Ignacio Rayón reconoce a Fernando VII. Se promulga la Constitución de Cádiz. Morelos se opone. Se publican los periódicos insurgentes *El Ilustrador Nacional* y *El Ilustrador Americano.*

1813

Enero: Con motivo de las elecciones de alcaldes, en las paredes de las calles de San Salvador aparecen panfletos

Félix María Calleja es nombrado virrey de la Nueva España. Gran parte del país está bajo el dominio de los in-

166

El Salvador

políticos de los insurrectos. Se producen en San Salvador manifestaciones que exigen al intendente la libertad del padre Manuel Aguilar. *Marzo:* Manuel Aguilar en su sermón da las gracias al pueblo por haber conseguido su libertad. Se suceden conatos subversivos en San Salvador. *Mayo:* En esta ciudad se reúnen Santiago José Celis, Juan Miguel Delgado y Juan Manuel Rodríguez y acuerdan solicitar al general José María Morelos y Pavón el proyecto de constitución que elaboró para Nueva España; en la misiva manifiestan su interés por la independencia. El coronel José María Peinado sustituye al intendente y gobernador de San Salvador, coronel José de Aycinena. *Diciembre:* Los insurrectos ganan las elecciones de alcaldes de barrios. El intendente las anula y convoca a nuevas elecciones en que triunfan una vez más los insurrectos. Son electos alcaldes constitucionales Juan Manuel Rodríguez, Pedro Pablo Castillo, Felipe Herrera, Manuel de Arce, Manuel Delgado, Tomás Carrillo, Mariano Zúñiga y Santiago José Celis. Los insurrectos eligen a Manuel Arce como diputado a Cortes, triunfando sobre los candidatos oficiales del intendente.

México

surgentes. Concluye la tercera campaña de Morelos en Acapulco. Se instala el Congreso de Chilpancingo. Se proclama la independencia, el rechazo a la monarquía y se establece la República. Morelos, generalísimo del ejército insurgentes, expide *Los Sentimientos de la Nación.* Se inicia la cuarta campaña de Morelos. Declina la segunda etapa del movimiento insurgente.

1814

Enero: En el pueblo de Mejicanos, para conspirar contra el poder colonial, se reúnen los sacerdotes Nicolás y Vicente Aguilar con Pedro Pablo Castillo, Bernardo, José y Manuel José Arce, Domingo Lara, Juan Ma-

Concluye la cuarta campaña de Morelos. El Congreso promulga la primera Constitución de la nación mexicana en Apatzingán, Michoacán.

167

El Salvador

México

nuel Rodríguez, Juan Aranzamendi,
Leandro Fagoaga, Santiago José Celis y Juan de Dios Mayorga. El alcalde
segundo Pedro Pablo Castillo exhor-
ta al pueblo a insurreccionarse. Se
producen violentos enfrentamientos
entre los subversivos y el cuerpo de
voluntarios, constituido por las autoridades. El intendente ordena la detención de Castillo, pero éste logra
huir ayudado por sus correligionarios.
Febrero: Los padres Aguilar pronuncian sermones subversivos; el intendente pide apoyo militar al capitán general. *Marzo:* El intendente logra
descubrir el plan de los insurrectos.
Llega a San Salvador un refuerzo militar de 50 hombres del Batallón del
Fijo de Guatemala. *Marzo-Abril:* Son
enviados a prisión los padres Aguilar.
Es electo diputado a Cortes Miguel
de Larreynaga. *Abril:* El capitán general ordena al intendente la vigilancia de Manuel José Arce y de Mariano Fagoaga por estar implicados en la
causa insurreccional. *Mayo:* Fernando VII anula el régimen constitucional de Cádiz. *Noviembre:* Son detenidos Manuel José Arce, el padre
Mariano de León y Juan Aranzamendi.

1815

Agosto: Un terremoto destruye la ciudad de San Salvador.

Se inicia la emigración de peninsulares a España por la restauración de
Fernando VII y el movimiento insurgente. Decreto de Puruarán emitido
por Guerrero en el que se sostiene la
independencia de la América mexicana. Morelos es hecho prisionero en

168

El Salvador   **México**

Tezmalaca, Puebla, tras de enjuiciar-
lo es fusilado en San Cristóbal Ecate-
pec. Se inicia la decadencia del movimiento insurgente.

1816

Juan Ruiz de Apodaca es nombrado
virrey e inicia una nueva campaña para terminar con la rebelión insurgente.

1817

Enero: Se emite real cédula concediendo el indulto a todos los presos
políticos.

Francisco Javier Mina desembarca en
Soto la Marina, Tamaulipas. Lanza su
proclama en favor del liberalismo. Se
dirige a Guanajuato y logra varias vic-
torias. Es hecho prisionero y fusilado.
Termina la última etapa importante
del movimiento popular.

1818

Abril: El capitán general dicta una
gracia de indulto; los presos en San
Salvador piden ser incluidos en ella.
Los ayuntamientos de la provincia
salvadoreña y la mayoría de los clérigos se pronuncian en favor de que
José Matías Delgado sea nombrado
obispo de San Salvador.

Se expide una real orden que concede libertad de importación de maqui-
naria minera.

1819

Decadencia de la guerra insurgente.

1820

Junio: En las provincias del reino de
Guatemala se restablece el régimen
constitucional anulado por Fernando
VII.

Insatisfacción de los oficiales realistas
criollos por la preferencia de los peninsulares. Se pone en vigor en la
Nueva España la constitución liberal
española de 1812. Conspiración reac-
cionaria de La Profesa. Agustín de

169

El Salvador

México

Iturbide es nombrado jefe del ejército realista y entra en tratos con los insurgentes.

1821

Agosto: En San Salvador, un grupo de insurrectos firman un memorial para pedir la proclamación de la república al capitán general Gaínza y le ofrecen la presidencia. Gaínza manda procesar a los firmantes. El Ayuntamiento de San Salvador dirige al rey de España una representación con la solicitud de crear la Silla Episcopal. *Septiembre:* El jefe político, Pedro Barriere, sustituye al intendente José María Peinado. *14 de septiembre:* En San Salvador se reúne un cabildo abierto en el que se informa sobre el Plan de Iguala y se opta por la independencia incondicional de España. *15 de septiembre:* En Guatemala se declara la independencia centroamericana. Al día siguiente se instala una junta provisional consultiva, con representantes de todas las provincias, bajo la dirección de Gabino Gaínza. *21 de septiembre:* En San Salvador se jura el acta de independencia y se publica el bando correspondiente. Se convoca a un congreso nacional que debería reunirse el primero de marzo de 1822. *Octubre:* La junta provisional consultiva en Guatemala nombra al presbítero José Matías Delgado como intendente y gobernador de la provincia de San Salvador. Agustín de Iturbide expresa a Gaínza su interés de que Centroamérica se una al Im-

Proclamación del Plan de Iguala en el que se declara la independencia de México y se establecen una monarquía constitucional y la religión católica como única. El ejército realista depone a Juan de Apodaca y nombra virrey a Francisco Novella, quien a su vez es depuesto por Juan O'Donojú nombrado por las Cortes españolas. Firma de los Tratados de Córdoba por Iturbide y O'Donojú, quien reconoce la independencia del país. Entrada a la ciudad de México del Ejército Trigarante (religión, unión e independencia). Se forma la Junta Provisional Gubernativa que convoca a elecciones para formar un Congreso Constituyente y una Regencia. Agustín de Iturbide es nombrado presidente de la Regencia.

170

El Salvador

México

perio mexicano. *Noviembre:* En la junta provisional consultiva el presbítero José Simeón Cañas propugna por la abolición de la esclavitud. Se declara libre el comercio tanto entre los países centroamericanos, como con los demás países.

1822

5 de enero: La junta provisional consultiva en Guatemala resuelve la incorporación de Centroamérica al Imperio de Iturbide. *11 de enero:* Al conocer en San Salvador esta resolución las autoridades provinciales protestan y acuerdan que se unirán a México cuando lo crean conveniente. La junta provisional consultiva de El Salvador queda constituida como junta de gobierno y nombra comandante general al coronel Manuel José Arce con Antonio José Cañas como segundo comandante. La junta de gobierno resuelve la abolición de la esclavitud. El partido de Santa Ana desaprueba los acuerdos de la junta salvadoreña, con lo cual la junta consultiva en Guatemala resuelve su incorporación a Sonsonate y ordena a Nicolás Abos Padilla entrar con su tropa en Santa Ana. La junta salvadoreña protesta por esta resolución. *Febrero:* Por decreto imperial, Chiapas queda incorporado a México. Se disuelve la junta consultiva en Guatemala; Gaínza continúa interinamente como capitán general. Comienzan los enfrentamientos entre Guatemala y El Salvador provocados por las diferencias respecto a la anexión. *Marzo:*

Se instala al Congreso Constituyente. Los Tratados de Córdoba son rechazados por España. El Congreso, presionado por el ejército, proclama emperador a Iturbide. Llega Joel R. Poinsett como observador de los E.U.A. Coronación de Iturbide, quien inicia represiones contra el Congreso. Se emite una ley para limitar a los no católicos sus colonizaciones. Se establece que Texas sea eximido de impuestos y pueda importar libremente productos. Iturbide disuelve el Congreso. Forma la Junta Nacional Instituyente.

171

El Salvador   **México**

El ejército guatemalteco invade El Salvador y es derrotado en El Espinal, al norte de Ahuachapán. La junta de gobierno erige el territorio en diócesis y nombra primer obispo a José Matías Delgado. *Mayo:* La provincia salvadoreña elige a Juan de Dios Mayorga, para dialogar con las autoridades mexicanas. *Junio:* El coronel guatemalteco ataca la ciudad de San Salvador y es derrotado. En Guatemala, el general en jefe del ejército imperial Vicente Filisola es nombrado capitán general en sustitución de Gaínza. *Junio-agosto:* La junta de gobierno salvadoreña solicita a Filisola que interponga su influencia para que cese la guerra civil. *Octubre:* Iturbide ordena a Filisola atacar la provincia salvadoreña si ésta no se une incondicionalmente al Imperio. *Noviembre:* Se reúne en San Salvador un congreso general. En él se ratifica la erección y nombramiento del obispo. *Diciembre:* El congreso propone la anexión de la provincia a los Estados Unidos de Norteamérica. Las Cortes de Cádiz promulgan la carta constitutiva, contando con representantes centroamericanos. El gobierno imperial restablece las alcabalas. Se dispone que los fondos de comunidades de indios y los de la Casa de Moneda se usen para gastos públicos.

1823

Entre este año y 1839 los países centroamericanos conquistan la unidad política regional. *Febrero:* Filisola toma las fortificaciones de Ayutuxtepe-

Antonio López de Santa Anna se subleva en Veracruz contra Iturbide. Se le unen Guadalupe Victoria, Vicente Guerrero y Nicolás Bravo. Plan de

172

El Salvador

que y Mejicanos y derrota a los salvadoreños; entra en la ciudad de San Salvador y asume el mando supremo de la provincia. Filisola declara anexada al Imperio mexicano la provincia salvadoreña. *Marzo:* Filisola convoca a un congreso centroamericano. En México, el Imperio de Iturbide es derrotado. *Abril:* El pueblo de San Vicente se aglutina en torno de Juan Vicente Villacorta, lucha contra el ejército ocupante y lo derrota. *Mayo:* En San Salvador el ayuntamiento y el pueblo amotinados obligan al ejército ocupante a evacuar la ciudad. Mariano Prado es nombrado jefe supremo político y José Justo Millan intendente y gobernador. *Junio:* En Guatemala se reúne el Congreso Centroamericano y se erige como asamblea nacional constituyente, bajo la presidencia del presbítero José Matías Delgado. *Julio:* La asamblea proclama la independencia respecto a España o cualquier otro país y decreta la formación de las Provincias Unidas de Centroamérica; los salvadoreños Manuel José Arce y Juan Vicente Villacorta y el guatemalteco Pedro Molina son nombrados para ejercer provisionalmente el gobierno de las Provincias Unidas. Se decreta la abolición de los títulos nobiliarios, la libertad de imprenta y el cambio de nombre de las audiencias y ayuntamientos por el de cortes territoriales y municipales. *Septiembre:* Los comisionados salvadoreños presentan en los Estados Unidos las cartas de incorporación, pero en virtud de la situación

México

Casamata, que convoca a un nuevo Congreso. Se instala el Segundo Congreso. Iturbide abdica. El Congreso desconoce el Imperio y establece un triunvirato con Guadalupe Victoria, Nicolás Bravo y Pedro Celestino Negrete. Iturbide sale del país. Se separan varios estados. Se publican el diario federalista *El Águila Mexicana* y el centralista *El Sol*.

El Salvador

México

política provincial regresan a El Salvador. *Octubre:* La diputación provincial de San Salvador se erige en junta gubernamental. *Diciembre:* Las Provincias Unidas, dada la insuficiencia de rentas ordinarias, decretan el impuesto sobre la renta y las ganancias de los ciudadanos.

1824

Febrero: La Asamblea Nacional Constituyente erige en puerto la rada de Tepeagua (La Libertad). *Marzo:* Se prohíbe la acuñación de moneda con las armas de la monarquía española y se designa un nuevo tipo de moneda para Centroamérica. Se instala el primer congreso constituyente bajo la presidencia de José María Calderón y declara incorporado Sonsonate al territorio del país. *Abril:* La Asamblea Constituyente nombra jefe de Estado a Juan Manuel Rodríguez. El gobierno decreta la erección del obispado de San Salvador y nombra obispo a José Matías Delgado. *Junio:* El Salvador promulga la primera constitución política. *Julio:* Se declara habilitado el puerto de La Unión, al que se llama puerto de San Carlos. Aparece *El Semanario Político Mercantil,* primer periódico salvadoreño. *Agosto:* Se instala la primera corte de justicia del Estado. *Noviembre:* se promulga la Constitución de Centroamérica que rige hasta marzo de 1840 y se denomina a la nueva unidad política como república federal. *Diciembre:* La república federal resuelve que las ventas de pólvora y tabaco,

El Congreso aprueba el proyecto de la Constitución Federal, Iturbide regresa a México, es fusilado en Padilla, Tamaulipas. Chiapas se incorpora a la República. El general Victoria es nombrado presidente de México. Se promulga la Constitución de los Estados Unidos Mexicanos, la que establece la primera república federal.

El Salvador

México

el impuesto de correo y las alcabalas marítimas pertenecerán al gobierno centroamericano. Juan Vicente Villacorta toma posesión del mando supremo del país. Mariano Prado es nombrado vicejefe. El general Manuel José Arce es designado para ir a pacificar Nicaragua.

1825

Enero: El Congreso federal ordena que los terrenos baldíos o realengos pasen a ser propiedad privada. *Abril:* El Congreso centroamericano nombra como primer presidente a Manuel José Arce. El Congreso decreta el uso del papel sellado para las actuaciones civiles, administrativas y contratos. El gobierno decreta que las pastorales, edictos y circulares del arzobispo Ramón Casaus y Torres quedan sujetos a previa censura, bajo diferentes penas. *Mayo:* Se establece la Dirección de Tesorería General de Renta del Estado y el reglamento respectivo. *Octubre:* El gobierno salvadoreño publica el opúsculo de José Simeón Cañas, *Contestación del presbítero doctor José Simeón Cañas al P. Arzobispo Ordinarios del Territorio de Guatemala.* La república federal contrata un empréstito inglés garantizándolo con todos los terrenos y rentas centroamericanos.

Llega Joel R. Poinsett como ministro plenipotenciario de los Estados Unidos. México e Inglaterra firman el Tratado de Amistad y Comercio. Levantamiento de los indios yaquis en Sonora. Guadalupe Victoria funda la logia masónica de York. Se crea la Compañía Mexicana para explotar Veta Grande, Zacatecas, y Real del Monte, Hidalgo. Destierro y fusilamiento de españoles. Crece la deuda pública.

1826

Febrero: La Asamblea legislativa suprime la diputación provincial y crea una diputación departamental formada por un diputado de cada partido, dos por el de la cabecera del de-

Guadalupe Victoria prohíbe el ingreso al país a los españoles, en tanto que duren las hostilidades con España.

175

El Salvador

México

partamento y por el jefe político. *Marzo:* Se acuerda que la Corte Suprema de Justicia, en toda causa civil o criminal, funde sus sentencias definitivas o interlocutorias en leyes terminantes. *Abril:* Se decreta la extinción del Montepío de Cosecheros de Añil y las contribuciones destinadas a sus fondos. La Asamblea legislativa establece como fiestas cívicas del Estado: el 6 de agosto, día de la Santísima Trinidad; el 6 de febrero, en memoria de los muertos por la libertad de la patria; el 4 de marzo, fecha de instalación del Congreso Constituyente del Estado; el 3 de junio, en recuerdo de la victoria que en el año de 1822 se obtuvo sobre el primer ejército de Guatemala, y el 12 de junio, fecha en que se decretó en 1824 la primera constitución del Estado. Se dicta un reglamento que establece los requisitos para el ingreso de los jóvenes al colegio militar. *Agosto:* Se resuelve que los receptores de alcabalas recauden las multas que impongan las autoridades. *Septiembre:* Comienzan los conflictos entre las autoridades provincial y federal y se disuelve el Senado centroamericano. *Octubre:* Arce convoca a un congreso extraordinario de la Federación. El papa León XII declara ilegítima la creación del obispado en San Salvador y la erección del obispo. *Noviembre:* Juan Vicente Villacorta renuncia, se hace cargo del gobierno el vicejefe Mariano Prado. *Diciembre:* José Matías Delgado acata la resolución papal y se retira del obispado.

176

El Salvador

México

1827

Se inicia la guerra federal, la cual dura hasta 1829. *Marzo:* El ejército salvadoreño invade Guatemala, para derrocar a Manuel José Arce; los invasores fueron derrotados. El Congreso de El Salvador desconoce al presidente federal. *Abril:* Arce invade el territorio salvadoreño. Las localidades de Sonsonate y Santa Ana celebran acta separándose de San Salvador y reconociendo únicamente al gobierno federal hastà la conclusión de la guerra. *Mayo:* Arce ataca al ejército salvadoreño en Milingo, es derrotado y se retira. *Julio:* Se establece un tribunal militar en San Salvador. El ejército federal invade nuevamente el territorio salvadoreño y ocupa Chalchuapa. *Septiembre-octubre:* Mariano Prado propone condiciones de paz al gobierno federal, basadas en la renovación del congreso y senado federales: convocatoria a elecciones, indulto para todos los que intervinieron en la guerra civil, desarme de los españoles y su separación de los puestos públicos. *Noviembre:* El gobierno federal autoriza la incautación por parte de la tesorería de todas las existencias de la Casa de Moneda. *Diciembre:* El ejército salvadoreño ataca a las tropas guatemaltecas en Santa Ana. Con motivo de la escisión religiosa muchos curas abandonan sus curatos y, a otros, el gobierno del Estado los expulsa. Se fundan los periódicos *El Centinela, Gaceta del Gobierno de El Salvador* y *La Miscelánea.*

Decreto que prohíbe a los españoles ocupar cargos públicos mientras España no reconozca la República. Autorización del Congreso para obtener préstamos de particulares sobre los ingresos aduanales. Decreto de expulsión de los españoles. Merma del comercio y del ejército. Se eliminan impuestos a los artículos importados.

177

El Salvador   **México**

1828

Febrero: La Federación rechaza las condiciones propuestas por El Salvador. *Febrero-marzo:* El ejército federal, al mando de Arzú, ocupa la plaza de San Salvador. *Marzo:* En la casa de Esquivel se lleva a cabo la primera conferencia de paz entre los comisionados salvadoreños y federales sin ningún resultado. El gobierno manda acuñar moneda, llamada de "Prado", con la plata y el oro de las iglesias, y decreta un empréstito forzoso. Mariano Prado solicita apoyo al gobierno de Honduras. *Abril:* Se realiza la segunda conferencia de paz en la casa de Esquivel, entre José Matías Delgado y el coronel Manuel Montúfar como representante de Arzú. *Mayo:* Se efectúan nuevas conferencias de paz sin llegar a acuerdos. *Junio:* Se firma el tratado de paz llamado de Esquivel siendo los comisionados José Matías Delgado por El Salvador y Manuel F. Pavón por Guatemala. El gobierno salvadoreño no ratifica el tratado. Se registran manifestaciones opositoras al Tratado de Esquivel y contra José Matías Delgado. Se organiza el Batallón Invencible para obrar en las afueras de San Salvador y otros puntos. Se reinician las hostilidades. El general hondureño Francisco Morazán ocupa, con sus tropas, el pueblo salvadoreño de Lolotique, para auxiliar al gobierno. *Julio:* Se produce la batalla del Gualcho; Morazán derrota a las fuerzas coaligadas guatemalteco-federales. Morazán, en San Mi-

Se suspende el pago de intereses de los bonos ingleses. Santa Anna se subleva contra el gobierno federal y propone a Guerrero como presidente. Motín de la Acordada en contra de Gómez Pedraza. Saqueo del Parián. Manuel Gómez Pedraza es elegido presidente.

El Salvador

México

guel, exige un empréstito forzoso para sostener la guerra. *Agosto:* Las tropas salvadoreñas ponen sitio al ejército invasor acantonado en Mejicanos. *Septiembre:* Capitula el ejército invasor. *Octubre:* Conferencias de paz en la ciudad de Ahuachapán, entre los comisionados de los gobiernos salvadoreño Juan Manuel Rodríguez y federal Juan Francisco de Sosa. Fuerzas militares de Morazán atacan y se apoderan del puerto de Conchagua (La Unión). Entra en San Salvador el general Morazán con su ejército. *Diciembre:* Francisco Morazán, con los ejércitos aliados de El Salvador y Honduras, llega a Santa Ana, en marcha sobre Guatemala. Mariano Prado ordena la suspensión de elecciones. En Santa Ana se recibe orden gubernamental de expulsar al presidente federal, Manuel José Arce, residente allí.

1829

Enero: Morazán organiza un ejército coaligado salvadoreño-hondureño, Ejército Aliado Protector de la Ley, para invadir Guatemala y enfrentar a los gobiernos guatemalteco y federal. José María Cornejo toma posesión del mando supremo del Estado. *Abril:* Morazán ocupa Guatemala y son detenidas las autoridades gubernamentales del Estado y la república federal. Termina la guerra federal y se convoca a un nuevo congreso. Es electo Antonio José Cañas diputado al Congreso federal. *Mayo:* Al terminar la guerra civil la Asamblea legislativa de

El Congreso declara ilegal la elección de Gómez Pedraza y designa presidente a Vicente Guerrero, quien toma posesión del cargo. Invasión española buscando la reconquista de México a cargo de Barradas. Las fuerzas españolas son derrotadas. El gobierno central impone préstamos forzosos a los estados. Plan de Jalapa, que desconoce a Guerrero y exige un sistema centralista. Anastasio Bustamante se hace cargo interinamente de la presidencia.

179

El Salvador   **México**

clara que se suspende el empréstito forzoso quincenal. *Junio:* Se reinstala en Guatemala el Congreso federal, presidido por el salvadoreño Doroteo Vasconcelos. Se elige como presidente federal al guatemalteco José Francisco Barrundia. La Asamblea legislativa decreta la extinción de las juntas departamentales. Se dictan otros decretos sobre la elaboración de una estadística exacta para arreglar la administración de la hacienda pública, fijar la población, calcular los recursos públicos y conocer las necesidades de los pueblos; el establecimiento del puerto de El Espíritu Santo en el partido de Usulután, que se denominará Puerto del Triunfo de los Libres; se concede por tres años libertad de derechos en las importaciones y exportaciones que se hagan por este puerto, y la autorización al Poder Ejecutivo del Estado para imponer empréstitos forzosos en los casos urgentes. El gobierno manda cumplir la ley sobre cementerios, ordenando que en todos los pueblos sean construidos dentro del corriente año, bajo las penas establecidas. *Julio:* El gobierno federal toma una serie de decisiones en detrimento de la Iglesia católica: se deportan algunos clérigos de las distintas órdenes religiosas y al arzobispo Ramón Casaus y Torres, se transfieren edificios conventuales y propiedades eclesiásticas para instituciones de educación pública y beneficencia. Estas medidas se hacen extensivas en los estados federales. José María Cornejo requiere a Morazán

180

El Salvador   **México**

proteger la vida de Manuel José Arce. *Agosto:* Se decreta un empréstito de 10 000 pesos sobre los hacendados y comerciantes que tengan un haber de más de 2 000 pesos. El consejo representativo nomina los negocios de que debe ocuparse el cuerpo legislativo en sus reuniones extraordinarias. *Septiembre:* Morazán insta al gobierno salvadoreño para que el Estado contribuya con 8 000 pesos para los gastos de la expedición que se dirige a Nicaragua. Se decreta un empréstito forzoso mensual de mil pesos, repartidos en los cuatro departamentos.

1830

Febrero: La Asamblea legislativa ordena un nuevo auxilio de tropas para Morazán. *Marzo:* Son electos como presidente de la Federación, Morazán, y como vicepresidente, el salvadoreño Mariano Prado. Se decreta la extinción de las órdenes religiosas en el estado, pudiendo residir en sus conventos las personas que las componen. *Octubre:* El Congreso federal decreta concesiones y privilegios para la construcción de un canal interoceánico. Se decreta liquidar las deudas contra el Estado y se resuelve la circulación forzosa de la moneda de plata por su valor.

Francia reconoce la independencia de México y negocia un tratado asumiendo una postura muy exigente. Guerrero es hecho prisionero en Acapulco. El Congreso lo declara inepto para gobernar. Anastasio Bustamante sube a la presidencia y establece un gobierno conservador. Ley de Colonización que prohíbe la entrada de nuevos colonos norteamericanos a Texas. Se crea el Banco de Avío. Resurgimiento económico.

1831

Febrero: Fuertes temblores en San Salvador causan daños de consideración en la ciudad y poblaciones vecinas. *Marzo:* Enfrentamientos entre el gobierno salvadoreño y el federal. *Julio:* El congreso federal declara que el

Problema con Texas. Guerrero es fusilado en Cuilapa, Oaxaca. Se deroga la prohibición de que los extranjeros exploten las minas. Se empieza a organizar el grupo liberal.

181

El Salvador

México

patronato eclesiástico corresponde a la nación y su ejercicio al gobierno de la república. Se funda el Colegio Seminario. Se concede el título de villa al pueblo de Sensuntepeque. *Agosto:* Estalla una insurrección en San Salvador contra las autoridades del Estado. *Septiembre:* Se decreta el estado de sitio. El ¢ongreso federal emite un decreto que anula la ley y ordena que en El Salvador no se cumpla. El órgano legislativo ordena al jefe de Estado que promueva la reforma de la Constitución Federal. El congreso federal decide habilitar para el comercio de la república los puertos en la costa pacífica: Puntarenas, San Juan del Sur, El Realejo, La Unión, El Triunfo, La Libertad, Acajutla, Istapa y Ocos. El doctor Narciso Monterrey funda un colegio en la ciudad de San Salvador.

1832

Enero: Morazán marcha hacia El Salvador; el gobierno estatal desconoce a las autoridades federales. *Febrero:* El Congreso federal nombra un tribunal especial para juzgar a las autoridades salvadoreñas. Se efectúan conferencias de paz. Se decreta la creación de un colegio oficial con veinte becas. *Marzo:* Fuerzas estatales y federales se enfrentan en territorio salvadoreño. Diferentes localidades se pronuncian en favor de la Federación. José María Cornejo es derrotado por los federales y se covoca a elecciones gubernamentales. El expresidente y algunos legisladores son detenidos.

Santa Anna se pronuncia en Veracruz contra el gobierno de Bustamante. Se sublevan varios estados para exigir el restablecimiento de la Constitución y la instalación de Gómez Pedraza en la presidencia. Firma de los Convenios de Zavaleta (Puebla). Gómez Pedraza, presidente.

182

El Salvador

México

Mayo: El Congreso federal decreta la tolerancia de cultos y la Asamblea legislativa salvadoreña emite la resolución correspondiente. Se crea el Tribunal Militar de Infidencia. Se ordena la creación de escuelas primarias. *Julio:* Mariano Prado toma posesión del mando supremo del Estado y renuncia a su obligación federal. *Agosto:* Se decreta la contribución única, directa y personal. *Septiembre:* Se faculta a las municipalidades de las cabeceras del partido para que nombren una junta de sanidad que se ocupe de la salubridad pública. La comisión del Congreso federal dictamina que debe negarse la amnistía a los presos políticos salvadoreños. *Octubre:* Se establece la contribución mensual de uno a cuatro pesos que deberá pagar cada padre de familia, la cual se destinará a la creación de escuelas de primeras letras. *Octubre-diciembre:* A consecuencia del decreto de contribución única y directa se producen sublevaciones en San Salvador, Zacatecoluca y San Miguel. *Octubre:* Proclama de Mariano Prado con motivo de la sublevación en San Salvador; las autoridades estatales y el armamento del ejército son trasladados a Cojutepeque. *Noviembre:* El Congreso federal decreta la creación de un jurado centroamericano. Se registran sublevaciones en San Vicente y Santiago Nonualco, debido al reclutamiento violento que efectúan las fuerzas del gobierno. *Diciembre:* Se reglamentan las obras públicas y se ordena el traslado de las autoridades superiores a la capital.

183

El Salvador   **México**

1833

Enero: Los presos políticos salvadoreños hacen circular en la ciudad de Guatemala una protesta titulada *Interpelación al pueblo de Centro América.* El levantamiento en San Miguel condujo a la ocupación de la localidad por las tropas estatales. Se deroga la controvertida ley de contribuciones directas. El Congreso salvadoreño declara "Benemérito de la Patria" al extinto José Matías Delgado. Se decreta un empréstito forzoso mensual por valor de 4 000 pesos. Se producen sublevaciones en Tejutla y Chalatenango encabezadas por el presbítero Felipe Vides. Como consecuencia de la leva forzosa y de la política impositiva se produce el levantamiento indígena más importante de la época, en los pueblos de Santiago y San Juan Nonualco, acaudillado por Anastasio Aquino. *Febrero:* Se suceden enfrentamientos entre las fuerzas indígenas y gubernamentales. En algunos casos, los insurrectos toman ciudades como Zacatecoluca y San Vicente. En Tepetitán, Aquino emite un decreto sobre penas de delitos y se dirige a Santiago Nonualco en donde establece su cuartel general. Aquino es derrotado. Antonio José Coelho abre una escuela lancasteriana patrocinada por el gobierno. *Marzo:* Morazán indica al vicejefe San Martín que, para la pacificación del Estado, debe proceder a la renovación de todas las autoridades administrativas. El gobierno hace patente

Convocatoria a elecciones presidenciales. Santa Anna llega a la presidencia. Valentín Gómez Farías a la vicepresidencia. Reformas políticas de Gómez Farías que limitan el poder de la Iglesia. Se deroga el artículo 11 de la Ley del 6 de abril de 1830, a instancias de Stephen Austin. Plan del general Ignacio Escalada, que enarbola la bandera de "Religión y Fueros". Mariano Arista se pronuncia en favor del plan contra las medidas liberales de Gómez Farías. Quedan abolidos el monopolio del tabaco y la coacción civil para el pago del diezmo.

184

El Salvador

México

a las autoridades federales que no son hostiles al gobierno centroamericano. *Abril:* Se celebra un convenio en San Salvador entre el presidente federal y el vicejefe salvadoreño. Morazán acepta con algunas modificaciones las bases del convenio. *Junio:* Se firma un tratado entre los Estados de Guatemala y El Salvador. Se declara electo jefe del Estado a Joaquín San Martín. *Julio:* Es fusilado Anastasio Aquino en San Vicente y su cabeza es expuesta en una jaula en la cuesta de Monteros. *Octubre:* La República Centroamericana solicita a los Estados las rentas federales que se habían apropiado.

1834

Enero: El gobierno federal decide trasladar su residencia a territorio salvadoreño; las autoridades de este país designan a Sonsonate para tales efectos. El Congreso centroamericano elige como presidente de la federación a José Cecilio del Valle. *Febrero:* Se decreta que los comerciantes, escribanos, curas, etc., deben tener sus libros y registros en papel sellado. *Marzo:* Muere José Cecilio del Valle. *Abril:* Se decreta libre el cultivo del tabaco, estableciendo únicamente el derecho de patente. *Mayo:* En San Vicente, opositores al gobierno atacan los cuarteles; son rechazados y huyen hacia Honduras. Se instala en Sonsonate el Congreso federal. *Junio:* Francisco Morazán es reelecto como presidente federal. Morazán invade con el ejército federal-guatemalteco

Movimientos en varios estados en contra de las reformas liberales. Santa Anna retoma el poder, reduce los ejércitos de los estados y reorganiza la milicia. Se firma un tratado con Francia en el que se incluye la cláusula de la nación más favorecida.

El Salvador	México

la ciudad de San Salvador. Las fuerzas del Estado se dirigen a San Salvador amenazando la plaza defendida por muy escasas fuerzas federales. *Julio:* El gobierno provisorio nombrado por la Federación decreta la renovación de todos los miembros de las municipalidades del Estado y concede el 25% a todos los que denuncien deudas o acciones pertenecientes al mismo Estado. *Agosto:* Se decreta que los deudores del Estado deben hacer sus pagos con dinero en efectivo. *Septiembre:* Se instala en San Vicente la asamblea legislativa. El órgano legislativo acuerda que el mando supremo del Estado se delegue en el consejero Joaquín Escolán y Balibrera. *Octubre:* Se designa la ciudad de San Vicente para residencia de las autoridades supremas del Estado. Toma posesión del mando supremo el vicejefe José María Silva. El gobierno federal y la Asamblea legislativa salvadoreña otorgan a Francisco Morazán el título de "Benemérito de la Patria". Llega a Centroamérica el inglés Frederick Chatfield.

1835

Enero: El Congreso federal habilita como puerto mayor al de La Libertad, mientras que al de Acajutla lo reduce a puerto menor. La Asamblea legislativa decreta que se ceda para distrito federal la ciudad de San Salvador y los pueblos comprendidos en un círculo cuyo radio sea de cuatro leguas. *Febrero:* El Congreso federal promulga una nueva Constitución.

Miguel Barragán suple a Santa Anna en el ejecutivo. Se reúne un nuevo Congreso, básicamente centralista, para "volver al orden". Se inaugura la primera república central. Gómez Farías marcha a los Estados Unidos y se alía con los rebeldes texanos.

186

El Salvador

México

Abril: Toma posesión como jefe del Estado el general Nicolás Espinosa. Se aceptan las reformas a la Constitución Federal. *Mayo-junio:* El Congreso federal decreta que ningún estado podrá acuñar moneda y faculta la ocupación de las rentas nacionales; asimismo establece la Tesorería General de la Federación. *Mayo:* Se restablece la Intendencia General de Hacienda y la Fiscalía de Hacienda, otorgándoles funciones judiciales; también se crean las juntas de beneficencia en todo el Estado. Se establece el sistema de jurados, el Código Livingston y se ordena la reorganización del departamento de San Salvador, al que se le llamará Cuscatlán, en virtud de la fundación del distrito federal. *Julio:* Se ordena la venta en pública subasta de los terrenos baldíos, concediendo un 10% del valor en que sean vendidos a los que denuncien su existencia y se restablece el estanco del tabaco. *Septiembre:* Se crea la policía en todas las ciudades. Se erige el departamento de San Vicente. *Noviembre:* Se ordena la amortización de la moneda nacional provisional. Nicolás Espinosa es depuesto por Francisco Morazán; asume el consejero Francisco Gómez. *Diciembre:* Se promulga la ley que clasifica la deuda nacional y la forma en que debe ser pagada.

1836

Febrero: La asamblea legislativa decreta que deben ingresar al tesoro público del Estado todos los capitales

José Justo Corro en la presidencia. Se promulga la Constitución centralista (Siete Leyes). Se crea el Supremo Po-

187

El Salvador

México

y réditos de capellanías y fundaciones piadosas, sin indemnización. *Marzo:* Se elige a Diego Vigil como jefe supremo. Se limita el distrito federal. Se expulsa del territorio salvadoreño a Nicolás Espinosa. Aparece en El Salvador el cólera morbus.

der Conservador. Texas declara su independencia.

1837

Febrero: Se impulsan medidas para contener el cólera morbus. *Marzo:* El Congreso federal decreta la ley de jornaleros. Se establecen jueces de primera instancia en cada partido. *Marzo-abril:* Para combatir el cólera se ordena a la tesorería suspender todos los pagos y dedicar la renta a los gastos de sanidad. Se nombran juntas de sanidad en las cabeceras de los departamentos. *Abril:* El Congreso federal dicta un reglamento de sanidad. *Junio:* En Guatemala, Rafael Carrera acaudilla una insurrección indígena. *Noviembre:* El Congreso federal ordena que todas las tierras realengas sean consideradas como baldías y decreta la restitución a todos los pueblos de indios de arrendar y disponer libremente de sus terrenos. *Diciembre:* Morazán se niega a prestar auxilio militar al gobierno guatemalteco que se hallaba acosado por el movimiento de Carrera.

Toma de posesión del presidente electo Anastasio Bustamante. Se firma el Tratado de Ratificación con el que España reconoce la independencia de México. Batalla de San Jacinto. Santa Anna, derrotado, reconoce la independencia de Texas mediante la firma de los Tratados de Velasco.

1838

Febrero: Morazán marcha con el ejército federal a Guatemala. Las autoridades salvadoreñas apoyan a los federales. *Marzo:* Morazán inicia su campaña en Guatemala. *Octubre:* Carrera invade el territorio salvado-

Movimientos fallidos en varios estados contra el gobierno central. Se inicia la guerra de los Pasteles por reclamaciones de los franceses.

188

El Salvador

México

reño. *Noviembre:* Se enfrentan los gobiernos de Honduras y El Salvador. Los pueblos hondureños Texihuat, Curarén, Santa Rosa, Goascarán y Lalangue se declaran separados de Honduras y agregados a El Salvador. Nicaragua se pronuncia en favor de Honduras. El levantamiento acaudillado por Carrera condujo a la derrota del gobierno federal y finalmente a la disolución de la República Centroaméricana.

1839

Enero: Los gobiernos de Honduras, Nicaragua y Costa Rica suscriben el Tratado de Comayagua en el que se comprometen a hacerle la guerra al Estado de El Salvador y al gobierno federal. *Febrero:* Se desarrollan enfrentamientos armados entre las fuerzas estatales coaligadas y la salvadoreña-federal. *Marzo:* Morazán es nombrado general en jefe del ejército salvadoreño. *Abril:* Se efectúa la batalla de Espíritu Santo donde es derrotado el ejército coaligado estatal. Se prohíbe la circulación de las monedas cortadas de cuatro reales y pesos llamados "macuquinos" o "morlacos". *Mayo:* Antonio José Cañas toma posesión del mando supremo. El gobierno del Estado reconoce como presidente de la federación a Diego Vigil. Se decreta un empréstito forzoso y se emite una legislación reincorporando los distritos de Zacatecoluca, Olocuilta y San Salvador al gobierno del Estado desapareciendo el distrito federal y creando el Departamento de La

Las fuerzas mexicanas cambaten a los rebeldes texanos. Fin de la guerra de los Pasteles.

189

El Salvador	**México**

Paz. *Junio:* San Salvador deja de ser la capital de la federación la cual se disolvió al separarse Guatemala en abril y anteriormente los otros estados. *Julio:* Morazán asume el mando supremo de El Salvador. *Agosto:* El territorio salvadoreño sufre nuevos ataques de fuerzas hondureño-nicaragüenses. *Septiembre:* El gobierno del Estado dispone trasladar la capital a San Salvador. *Octubre:* Se registra un fuerte temblor que deja a San Salvador casi en ruinas. A causa de los daños ocasionados por el temblor, Morazán traslada la capital a Cojutepeque. Durante este año el gobierno de El Salvador suscribe tratados bilaterales con sus homólogos de Guatemala y Honduras.

1840

Marzo-abril: Morazán decide dejar el mando supremo del Estado y salir del país. Antonio José Cañas se hace cargo del gobierno y convoca a elecciones de diputados. *Mayo:* El general Francisco Malespín es nombrado comandante general del ejército. *Julio:* Se decretan penas a los que elaboran añil adulterado con sustancias terrosas. Se promueve la creación de la Silla Episcopal en San Salvador. *Septiembre:* Se decreta que toda mercadería extranjera que se introduzca al país por las fronteras de Honduras o Guatemala, pagará un 20% de impuestos, bajo los plazos y condiciones que se establecen en los puertos con el arancel federal y de conformidad con sus tarifas. Es de-

Tercera asonada federalista encabezada por el general José María Jarero en la ciudad de México. Bustamante es tomado prisionero. Publicación de la *Carta monárquica* de José Gutiérrez de Estrada. Golpe fallido de Valentín Gómez Farias en la ciudad de México.

El Salvador

México

puesto Antonio José Cañas por Francisco Malespín, quien impone como jefe de Estado al consejero Norberto Ramírez. *Octubre:* Se dicta un decreto gubernativo que manda circular como moneda legal los pesos fuertes de Perú, Bolivia y demás repúblicas del Sur. Los precios del añil tienden a estancarse o disminuir. Chatfield exige el pago inmediato de la deuda inglesa y amenaza con una invasión. Se firman tratados de paz con algunos estados centroamericanos.

1841

Febrero: La Asamblea Constituyente declara la "Soberanía de la Nación" y decide que se denomine República de El Salvador. Se promulga la segunda constitución política, siendo presidente Juan Lindo, en la misma se prohíbe la reelección. Se dispone la fundación de la Universidad Nacional y de su colegio anexo La Asunción. *Julio:* En la ciudad de David (Panamá), Morazán da a conocer un manifiesto al pueblo de Centroamérica.

Se prohíbe el uso de la moneda de cobre. El gobierno impone nuevas contribuciones e impuestos, así como préstamos forzosos e incautaciones al clero. Revuelta "Regeneración política" contra el gobierno federal, encabezada por los generales Mariano Paredes y Arrillaga en Guadalajara y Gabriel Valencia en Querétaro, y secundada por Santa Anna con el Plan de Perote, con el que se erige como jefe del movimiento rebelde. Santa Anna emite las Bases de Tacubaya que señalan el cese de las funciones del ejecutivo y del legislativo. Bustamante marcha a combatir a los rebeldes texanos y deja como presidente provisional a Javier Echeverría. Acuerdo de Santa Anna y Bustamante con el Plan de Estanzuela, por el que el primero sube al poder. Santa Anna traiciona a Paredes, se convierte en dictador y suprime el Supremo Poder Conservador. El gobierno cen-

El Salvador   **México**

tralista erige los tribunales mercantil y de minería, mejora el ejército y dispone abrumadores impuestos. Los jesuitas regresan al norte.

1842

Enero: Se produce una asonada en San Salvador, que intenta reconstruir la unidad centroamericana. Otras conmociones revolucionarias se suceden en Chalatenango, Sonsonate y Santa Ana. *Febrero:* Morazán, junto con un grupo de hombres, ocupa el puerto de La Unión y dirige un oficio al gobierno ofreciendo sus servicios en defensa de la autonomía centroamericana amenazada por la ocupación inglesa de la costa norte y de San Juan del Sur. Dicho ofrecimiento es rechazado y se prepara un ejército para combatirlo. Morazán se aleja del territorio salvadoreño rumbo a Costa Rica. Asume la presidencia Juan José Guzmán, quien ordena la expatriación y confiscación de los bienes de varios partidarios de Morazán. *Abril:* Se instala en Chinandenga (Nicaragua) una convención con el ánimo de cimentar la Confederación Centroamericana. *Julio:* La Convención Nacional de Chinandega emite el Pacto de la confederación Nacional de Centroamérica, que regirá entre El Salvador, Honduras, Nicaragua y Guatemala. *Agosto:* Guatemala no acepta el pacto confederado y firma un tratado de alianza con El Salvador para combatir los proyectos morazánicos. *Septiembre:* Morazán es fusilado en Costa Rica. Se erige la diócesis de El

La Dirección General de Instrucción Pública pasa a manos de la Compañía Lancasteriana. José de Garay obtiene la concesión para construir el canal de Tehuantepec. Liquidación del Banco de Avío. Inicio de la guerra entre México y Yucatán, ante la tentativa de éste para independizarse. Santa Anna se retira a su hacienda de Manga de Clavo y deja en el gobierno a Nicolás Bravo. Se instala un nuevo Congreso constituyente que pretende poner en vigencia un nuevo código centralista que permita la libertad de cultos y de imprenta. Rebelión contra las disposiciones del Congreso por las guarniciones de Huejotzingo, controladas por Santa Anna, la rebelión es secundada por movimientos locales en todo el país. Se otorga permiso a los extranjeros para poseer bienes raíces. Se crea la Dirección General de Industria. Se prohíbe la práctica del comercio al menudeo a los extranjeros.

El Salvador

México

Salvador y se nombra como obispo a monseñor Jorge de Viteri y Ungo. *Octubre:* Se firma el tratado de alianza entre los cuatro estados, reconociendo sus independencias y considerándose una sola nación en caso de invasión extranjera. *Diciembre:* Regresan los hombres (los "coquimbos") que acompañaron a Morazán en su última etapa. Se les ordena que residan en Sonsonate y Acajutla; más adelante se les autorizará el asentamiento en cualquier punto del territorio.

1843

Enero: Honduras pronuncia su desacuerdo por el asilo a los seguidores de Morazán. *Marzo:* Se ordena el pago de los diezmos de la Iglesia. Se crea la Tesorería General de la República. Se instituye la industria de la hilandería a base de seda. *Abril:* Se pone en vigor el decreto de 1840 que establece el alumbrado público. *Mayo:* Entre mayo y junio se generan problemas con el Consulado Británico a raíz del cobro de impuestos sobre las mercaderías extranjeras que introducen los súbditos ingleses. Se ordena disponer, entre los gastos de la nación, de un subsidio para atender la instrucción primaria y se encarga el estudio de la codificación salvadoreña. *Junio:* Se inicia una ofensiva de Guatemala contra El Salvador. *Agosto:* El Salvador y Nicaragua firman un tratado ratificando el Pacto de la Confederación Centroamericana y de Alianza. *Octubre:* La escuadra inglesa intenta

Se instala una Junta de Notables que emite las Bases de Organización Política de la República Mexicana, que tuvieron carácter de constitucionales. Santa Anna retoma el poder y gobierna con las Bases de Tacubaya. Reincorporación de Yucatán mediante los convenios del 14 de diciembre en los que el gobierno central respeta la soberanía del estado. Valentín Canalizo, presidente interino.

193

El Salvador

México

apoderarse del golfo de Fonseca y del puerto de La Unión. *Diciembre:* Malespín se enfrenta al presidente Juan José Guzmán.

1844

Febrero: Se emite una ley que establece el procedimiento para obtener el título de abogado y otra relacionada con la extranjería. Malespín asume la presidencia con el apoyo de Viteri y Ungo. *Mayo:* Se autoriza la reapertura de conventos y monasterios, se restablece el fuero del clero y se elimina la libertad de prensa. *Abril:* Se instala en San Vicente el gobierno confederado presidido por Juan Lindo. Debido a los constantes conflictos con Guatemala, contraria a la Confederación Centroamericana, se decide romper relaciones oficiales. Guatemala invade el Salvador. Se inicia un periodo de enfrentamientos e invasiones. *Junio:* Acontecen conatos revolucionarios provocados por los "coquimbos" para derrotar al gobierno de Malespín. *Julio:* Se firma tratado de amistad y auxilio mutuos con el gobierno de Honduras. Se emite decreto del gobierno suspendiendo por tres meses el pago de los sueldos civiles y todo lo que no signifique el cumplimiento de gastos militares y de guerra. *Agosto:* Se firma el tratado de paz de Quezada, entre los delegados de los estados confederados y Guatemala. El gobierno funda el semanario *El Salvador. Septiembre:* Gerardo Barrios, defensor de las ideas morazánicas, promueve una rebelión antigu-

Santa Anna vuelve al poder. Nuevo pronunciamiento de Paredes y Arrillaga en Guadalajara por el incumplimiento de las Bases de Tacubaya. Sublevaciones en los estados de Querétaro, Puebla y México. Queda en el ejecutivo el vicepresidente Valentín Canalizo. Se inaugura la segunda República centralista. Golpe de Estado por la guarnición de la ciudad de México. El Congreso destituye a Santa Anna y nombra presidente provisional a José Joaquín de Herrera.

194

El Salvador

México

bernamental. Se suceden otros movimientos similares apoyados por el gobierno de Nicaragua. *Noviembre:* fuerzas coaligadas de Honduras y El Salvador invaden Nicaragua, en protesta por la ocupación que perpetuó de la frontera hondureña. Se disuelve el gobierno confederado. *Diciembre:* Se firma tratado de paz entre El Salvador, Honduras y Nicaragua.

1845

Enero: Se producen movimientos antigubernamentales. *Febrero:* El vicepresidente Juan José Guzmán impulsado por los liberales, se rebela contra Malespín. *Mayo:* Conflicto con Honduras que se prolonga durante unos meses. *Junio:* Se funda el Colegio Seminario. *Noviembre:* Se firma tratado entre El Salvador y Honduras con el fin de encaminar la reorganización de la nacionalidad centroamericana. A partir de este año la legislación protectora del café es ininterrumpida y abundante. Se inicia un programa de construcción de carreteras: una de ellas vinculará San Miguel con La Unión y otra ofrecerá mejores conexiones entre Acajutla, Sonsonate y Santa Ana. Se firman tratados de paz con Guatemala, Nicaragua y Costa Rica.

Gobierno conciliador de José Joaquín de Herrera, que establece una coalición de partidos. Nuevos levantamientos en los estados de México y Zacatecas. En febrero, Texas se anexa a los Estados Unidos. Santa Anna es desterrado. Tercera rebelión de Paredes y Arrillaga, que con el Plan de San Luis desconoce los poderes ejecutivo y legislativo y propone la instalación de un Congreso constituyente con todos los poderes. Renuncia del presidente Herrera.

1846

Febrero: Eugenio Aguilar asume el cargo de presidente. *Marzo:* Se reconoce como deuda del Estado los préstamos forzosos o voluntarios, el valor de los bienes tomados por cual-

Yucatán se declara independiente. Mariano Paredes llega al poder el 4 de enero y obliga a la Iglesia a firmar como aval en los contratos de préstamos de particulares. Se edita el periódico

El Salvador

México

quier autoridad civil o militar o por partidas de tropas del Estado desde 1840 y los bienes saqueados por las fuerzas enemigas durante la guerra pasada hasta la paz ajustada con Honduras. La asamblea legislativa faculta al gobierno para que efectúe la construcción de los edificios del puerto de El Triunfo (bahía de Jiquilisco) y decreta que el cargo de comandante general de las fuerzas armadas recaerá en el presidente de la nación. *Abril:* Se instala en San Salvador la Junta Directiva de Instrucción Pública que elabora los estatutos universitarios y del Colegio Nacional. *Mayo:* Aguilar dicta el reglamento para obtener el título de bachiller en filosofía que será otorgado por la universidad. Se decreta la exención a nuevos cafetaleros de impuestos municipales durante 10 años, de derechos de exportación durante siete años y se otorga a los trabajadores de fincas cafetaleras el privilegio de no cumplir con el servicio militar. *Junio:* Se ordena que se establezcan en el Colegio Nacional las cátedras de matemáticas puras y gramática castellana. *Julio:* Se autoriza la circulación de la moneda de cuatro reales y de los pesos cortados o "macuquinos", llamados también "morlacos". La Iglesia por intermedio de Viteri y Ungo interviene en la vida política; otorga apoyo al expresidente Malespín y provoca un conflicto con el Estado. Por decreto del ejecutivo se expulsa del país al obispo. Se crea la cátedra de derecho en la universidad.

El Tiempo, vocero de los monarquistas. Pronunciamiento en Guadalajara y en la ciudad de México, acaudillado por Mariano Salas, que depone al presidente provisional Nicolás Bravo. Inician su entrada tropas norteamericanas a suelo mexicano. El Congreso mexicano declara la guerra a los Estados Unidos. Un nuevo Congreso establece la segunda república federal, prepara la reforma de la Constitución de 1824 y nombra presidente y vicepresidente a Santa Anna y a Gómez Farías. Santa Anna regresa a México para hacer frente a la intervención norteamericana. Se le retira a José de Garay la concesión del canal de Tehuantepec por haberla vendido a los ingleses. Justo Sierra O'Reilly, a nombre de las autoridades yucatecas, solicita la anexión de la península a los Estados Unidos. Gómez Farías se hace cargo del ejecutivo el 24 de diciembre.

El Salvador

México

Noviembre: Se otorga el título de ciudad a la villa de Coatepeque. Se produce una sublevación en la zona indígena de Santiago y San Juan Nonualco. Malespín dirige nuevos ataques y es capturado; al mes siguiente será fusilado.

1847

Febrero: Se establece el arancel para el despacho de los buques que llegan a los puertos nacionales. *Marzo:* Se firma el Tratado de Comayagua referido al comercio y amistad entre El Salvador y Honduras. Se emiten decretos relacionados con la promoción de rebozos y demás tejidos y el gravamen del ganado procedente de Nicaragua y Honduras que transite por el territorio con destino a Guatemala. Se autoriza al ejecutivo para que se establezca el ramo de aguardiente bajo sistemas de administración en todo el Estado. Se restablece la Intendencia General. Aparece el periódico oficial *Gaceta de El Salvador. Julio:* Se declara instalada la Dieta Centroamericana en Nacaome, Honduras. Se acuerda establecer un gobierno provisorio y convocar a una asamblea constituyente de los tres estados contratantes (Honduras, El Salvador y Nicaragua). *Noviembre:* El ejecutivo ordena la creación de la cátedra de medicina en la universidad. *Diciembre:* Se dicta el primer estatuto de la Universidad. Se fomenta el tratamiento preferente a los productores de café y se impulsa, entre otras cosas,

Gómez Farías expide el decreto del 11 de enero que dispone la ocupación de los bienes del clero hasta por 15 millones de pesos, lo que se ejecuta de inmediato en el territorio del Distrito Federal. La Iglesia protesta y promueve la sublevación de los "polkos" encabezada por Manuel Gómez Pedraza. Santa Anna regresa a la capital, se hace cargo del gobierno, suprime la vicepresidencia, deroga el decreto del 11 de enero y obtiene un préstamo de la Iglesia para organizar la defensa. Breve interinato de Pedro María Anaya. Santa Anna retoma el poder. Segunda separación de Yucatán, que marca el principio de la guerra de Castas, último intento de los mayas para recuperar sus territorios. La ciudad de México es ocupada por las fuerzas invasoras. Santa Anna renuncia a la presidencia y lo sucede Manuel de la Peña y Peña, quien traslada los poderes a la ciudad de Querétaro. Publicación del *American Star*, vocero del ejército norteamericano.

El Salvador   **México**

la instrucción pública con la fundación de escuelas en los pueblos.

1848

Febrero: Asume la presidencia Doroteo Vasconcelos. *Abril:* Se registran
incursiones de fuerzas militares guatemaltecas en El Salvador. *Mayo:* El
gobierno protesta ante el de Inglaterra por la ocupación del puerto de San
Juan del Norte y del litoral y por el
convenio impuesto al gobierno de Nicaragua. *Agosto:* Guatemala decide
firmar un convenio con El Salvador
para la reorganización de Centroamérica.

El Congreso designa presidente a
Manuel de la Peña y Peña. Firma de
los Tratados de Guadalupe Hidalgo,
que conceden a los Estados Unidos
más de la mitad del territorio nacional. Santa Anna es desterrado, José
Joaquín de Herrera es nombrado
presidente. Se restaura el poder en la
capital. En agosto, Yucatán se rein-
corpora a México ante la urgencia de
controlar la rebelión indígena. Gran
parte de la indemnización norteamericana es destinada a gastos de guerra.
Cuarto levantamiento de Mariano
Paredes, acusando al gobierno de
traidor. Publicación de *El Universal*,
vocero del partido monárquico.

1849

Enero: Llegan los restos de Francisco
Morazán. *Febrero:* Se resuelve la
construcción de la Aduana del Ro-
deo, para la custodia y registro de los
efectos que se introduzcan al Estado
por aquella frontera (Tejutla-Chala-
tenago). Se organiza en la Universidad la Facultad de Medicina y el Protomedicato. Se establece un impuesto
en beneficio de la Universidad y las escuelas de primeras letras. *Marzo:* Se
autoriza la realización de obras de infraestructura: puertos, caminos, bo-
degas y muelles y conceden privilegios
a las primeras embarcaciones que
arriben. Se ordena liquidar la deuda

Levantamientos indígenas por reivindicaciones agrarias, encabezadas por
Felipe Santiago, en Guerrero, y por
Eleuterio Quiroz, en San Luis Potosí.
El gobierno intenta reorganizar la administración pública. Continúa la
guerra de Castas en Yucatán.

198

El Salvador

México

pública mediante los impuestos de aduana marítima. Otras disposiciones legislativas decretan que la carne vacuna se vende por peso en todos los lugares en donde haya municipalidad y que los víveres de primera necesidad producidos por el Estado queden libres de todo impuesto. Se modifica el artículo que prohibía la reelección del presidente y queda aceptado por un periodo más. Se toman medidas de precaución sanitaria en relación al cólera morbus, que se expande por todo el istmo centroamericano. *Mayo:* Se dicta la primera disposición para establecer la Casa de Moneda. *Junio:* Se producen desavenencias, que se extienden durante todo el año, con el gobierno de Guatemala, el cual acusa al salvadoreño de apoyar la situación de anarquía política. *Octubre:* El presidente habilita el puerto de Jaltepeque, que en adelante será llamado La Concordia. El cónsul inglés Chatfield ocupa tres islas en la bahía de Conchagua (golfo de Fonseca). *Noviembre:* El gobierno se ve obligado a firmar un convenio con Chatfield; en el mismo se estipulan las condiciones de pago y las garantías de éstos. El Salvador, Nicaragua y Honduras firman el Pacto de Unión Nacional.

1850

Enero: Se instala en Chinandega la Representación Nacional Centroamericana, integrada por los países participantes del Pacto de Unión Na-

Melchor Ocampo inicia una serie de reformas que afectan los bienes del clero en el estado de Michoacán. Gobernadores yucatecos venden indios

El Salvador

México

cional. Se firma con los Estados Unidos de Norteamérica un tratado de amistad, comercio y navegación. Se declara reelecto a Vasconcelos. *Febrero:* La asamblea legislativa decreta el impuesto personal en subrogación del pago del diezmo. Se deroga el sistema de venta por peso de la carne de ganado vacuno. Surgen desavenencias con los súbditos ingleses y el cónsul Chatfield. *Agosto:* Se celebra un contrato para la reconstrucción del muelle de Acajutla. El gobierno británico lanza un ultimátum al salvadoreño. *Septiembre:* Se resuelve que las minas de carbón de piedra que se hubieran descubierto o se descubran serán declaradas propiedad del Estado. *Octubre:* Los ingleses bloquean el puerto de La Unión. Se inicia la construcción de vías de comunicación al oeste del país y se mejoran las instalaciones de los puertos.

mayas al extranjero. Mariano Arista es electo presidente.

1851

Enero: Los gobiernos de Honduras y El Salvador acuerdan declarar la guerra a Guatemala, entonces dirigida por el conservador Rafael Carrera. En febrero son derrotados por Carrera en La Arada. *Febrero:* Asume el cargo de presidente Francisco Dueñas, conservador que recibe el apoyo de Rafael Carrera. *Agosto:* Un representante salvadoreño y el encargado de negocios inglés suscriben un convenio mediante el cual se pone fin al conflicto con Inglaterra. El Salvador se compromete a pagar parte de la deuda de la federación.

Mariano Arista recibe pacíficamente el poder el 15 de enero e intenta continuar la política moderada de su antecesor. Se agotan los recursos obtenidos de la indemnización norteamericana. Intensificación del contrabando y merma en las entradas aduanales. Constante amenaza de los militares cesantes en todo el país. Escasez general de alimentos. Ataques de filibusteros norteamericanos en el norte de México. Los estados federales no colaboran para cubrir el déficit nacional. Fallido movimiento pro Santa Anna en Guanajuato.

El Salvador   **México**

1852

Febrero: Se emiten decretos legislativos que ordenan demarcar los límites de los departamentos y facultan al ejecutivo para que nombre un gobernador político en cada departamento y reconocer como obligatorio el pago de los diezmos a la Iglesia. Se erige el Departamento de La Paz. *Mayo:* Se inaugura el servicio marítimo en el puerto de La Libertad. Aparece la plaga del chapulín que afecta las plantaciones. Se prohíbe más adelante la exportación de maíz, arroz y frijol, mientras no se termine con esta plaga. *Agosto:* El gobierno decreta declarando libre la fabricación y venta de salitre. *Octubre:* Se instala la Asamblea Nacional Constituyente de Centroamérica.

Chihuahua a punto de rebelarse contra la federación. Cuartelazo en La Piedad de Cabadas contra el gobernador Melchor Ocampo. Rebelión en Guadalajara contra el gobernador Jesús López Portillo, encabezada por José María Blancarte bajo el Plan de Guadalajara apoyado por los santanistas, quienes, a su vez lanzan el Plan del Hospicio, en el que se desconoce al presidente constitucional y se propone la instalación de un nuevo Congreso que reforme la Constitución.

1853

Marzo: La asamblea legislativa desaprueba los estatutos propuestos por la Asamblea Nacional Constituyente, declara disuelto el Pacto Nacional con Nicaragua y Honduras y reasume su soberanía. *Abril:* Se emite decreto legislativo que declara libre el cultivo del tabaco. *Mayo:* Varios temblores de gran intensidad sacuden la ciudad de San Salvador. *Junio:* Se firma tratado de amistad y reconocimiento de soberanía e independencia con Nicaragua. *Agosto:* Se firma tratado con Guatemala, similar al celebrado con Nicaragua. *Octubre:* Se confirma la extinción total de la plaga de chapulín.

Expedición filibustera norteamericana al mando de Walker en Sonora. Renuncia de Mariano Arista a la presidencia: Juan Bautista Ceballos, presidente de la Suprema Corte de Justicia, ocupa provisionalmente el ejecutivo. Disolución del Congreso. Ceballos dimite y Manuel María Lombardini es nombrado en su lugar. Santa Anna regresa al país y se hace cargo, por última vez, de la presidencia; apoyado por el partido conservador emite las bases para la administración de la República hasta la promulgación de la Constitución, bases que restablecen el sistema centralista y otorgan facultades extraordina-

El Salvador

México

rias al ejecutivo. Santa Anna promulga la Ley de Conspiradores, destierra a sus enemigos políticos, restablece la Compañía de Jesús y hace resurgir la extinguida Orden de Guadalupe. Santa Anna vende el territorio de La Mesilla. Asonadas federalistas frustradas en Guanajuato, Veracruz y en el Distrito Federal. Benito Juárez es desterrado a los Estados Unidos.

1854

Enero: La Compañía Centroamericana de Vapores inicia un itinerario fijo entre Centroamérica, Panamá y California, que incluye los puertos de Acajutla, La Libertad y La Unión. *Febrero:* José María San Martín asume la presidencia. *Marzo:* Se establecen los jueces de primera instancia de elección popular en todos los distritos de la república. *Abril:* Un terremoto destruye San Salvador y se resuelve trasladar a San Vicente la Corte Suprema de Justicia y la Universidad. San Martín ordena reconstruir la ciudad en la tierra perteneciente a la exhacienda de Santa Tecla. *Mayo:* Reaparece la plaga del chapulín y se declaran libre de derechos de introducción los cereales. *Junio:* Se firma con el gobierno hondureño un tratado de paz, amistad y reconocimiento de soberanía e independencia. *Agosto:* Se autoriza la fundación de Nueva San Salvador. Levantamiento campesino en Ahuachapán, producto del caos reinante. Una recompensa de 1 000 pesos se pone a disposición de la

Ataque a Sonora por el filibustero francés Raousset de Boulbon. Florencio Villarreal proclama el Plan de Ayutla para desconocer a Santa Anna; Ignacio Comonfort lo reforma y junto con Juan Álvarez se convierten en los jefes del movimiento subversivo. Se estrena el himno nacional en el Teatro Santa Anna de la ciudad de México.

El Salvador

primera persona que presente mil vides listas para su vendimia, medida tomada para estimular la diversificación de la producción.

1855

Enero: Se instala en la ciudad de Cojutepeque la Asamblea legislativa. *Febrero:* La Asamblea legislativa divide el departamento de Sonsonate para crear el de Santa Ana; erige el departamento de Chalatenango y decreta medidas promoviendo el cultivo de vainilla y uva. *Junio:* El Poder Ejecutivo crea fondos para la compostura de caminos nacionales; asimismo, acuerda proteger el cultivo de la cochinilla. *Agosto:* El gobierno decreta la libre exportación de cereales. Emite un acuerdo para reglamentar la administración de fondos de las municipalidades a través de tesorerías. *Noviembre:* El Poder Ejecutivo aprueba el pago de diezmos a la Iglesia.

1856

Enero: Se ordena el establecimiento de jueces de comercio en todas las cabeceras departamentales y uno en San Carlos de la Unión. Es elegido como presidente Rafael Campo. *Febrero:* Se reestablece el Montepío de Cosecheros de Añil y se resuelve gravar con tres pesos cada tercio del tinte que se exporte. *Abril:* Se inicia la Guerra Nacional. El gobierno salvadoreño acuerda con el guatemalteco enviar efectivos contra los filibusteros que, encabezados por William Walker, ocupan Nicaragua. Se observa

México

Derrocamiento de Santa Anna. Comonfort, en Guadalajara, declara presidente interino a Juan Álvarez. Se expide la Ley Juárez (22 de noviembre) que suprime los fueros eclesiásticos y militares en los negocios civiles. Comonfort, presidente sustituto. El Plan de Zacapoaxtla desconoce al gobierno liberal y promueve el regreso del régimen de las Bases Orgánicas (1843). Por la Ley Lafragua, del 28 de diciembre, se regula la libertad de prensa.

Durante la presidencia provisional de Comonfort se autoriza a los extranjeros la adquisición de tierra en la República Mexicana y se expide la Ley Iglesias que exime del pago de derechos y obvenciones parroquiales a las clases menesterosas. Expatriación de Pelagio Antonio de Labastida y Dávalos, obispo de Puebla, por órdenes de Comonfort. Promulgación del estatuto orgánico que debe regir en tanto se elabora una nueva constitución. Decreto que suprime la Com-

El Salvador

una activa reconstrucción de San Salvador. *Junio:* El Salvador manda un primer grupo a combatir a Nicaragua. Gerardo Barrios, próximo presidente, dirige a las fuerzas salvadoreñas. Sucesivos contingentes saldrían en los siguientes meses. *Julio:* El gobierno publica una tabla de computación de monedas extranjeras sobre la moneda nacional. Los gobiernos de El Salvador, Guatemala y Honduras firman un tratado comprometiéndose a luchar contra los filibusteros y reconociendo a Patricio Rivas como presidente de Nicaragua. *Agosto:* Tomás Miguel Pineda y Saldaña toma posesión del obispado de San Salvador. *Octubre:* Costa Rica se adhiere al tratado firmado en julio para luchar contra los filibusteros. *Diciembre:* Se resuelve que los terrenos de Santa Tecla sean repartidos en lotes de 6 a 20 manzanas, debiéndose sembrar café en dos terceras partes de cada uno.

México

pañía de Jesús en México. Ponciano Arriaga propone la división de la propiedad territorial. Se expide la Ley Lerdo que desamortiza los bienes de las corporaciones civiles y religiosas y suprime toda forma de propiedad comunal. Juan Nepomuceno Almonte se embarca rumbo a Inglaterra como ministro plenipotenciario. Comonfort otorga a Manuel Escandón una concesión para construir el primer ferrocarril en México.

1857

Enero: Se dictan medidas para fomentar la Marina Nacional y se faculta al Poder Ejecutivo para tomar los fondos de los establecimientos píos. *Febrero:* Se decreta que los hacendados pueden ingresar a la Sociedad de Añileros. *Mayo:* Las fuerzas invasoras de Walker son derrotadas y expulsadas de Nicaragua. El ejército aliado se disuelve. Gerardo Barrios realiza un primer intento por derrocar al presidente. Durante este mes se desarrolla el cólera morbus. *Noviembre:* Se promulga el Código de Procedimientos

Se expide la Ley del Registro Civil. Se promulga la nueva Constitución política. Inauguración del Ferrocarril Mexicano en su tramo ciudad de México-Villa de Guadalupe. Toma de posesión de Comonfort como presidente de la República. En desconocimiento de la Constitución, Félix María Zuloaga proclama el Plan de Tacubaya, al que se adhiere el presidente.

El Salvador

México

Civiles, Criminales y Judiciales. *Diciembre:* Desaparece el cólera morbus.

1858

Febrero: Se emiten varios decretos: la Corte Suprema de Justicia y el Juzgado General de Hacienda deben ubicarse en el mismo sitio que el Poder Ejecutivo; se exentan de cargos consejiles y servicios militares por 10 años a cultivadores de café, cacao y nopal; se forman cuatro ministerios (Relaciones Exteriores; Gobernación, Justicia, Instrucción Pública y Negocios Eclesiásticos; Hacienda y Guerra; Fomento de la Agricultura, Industrias y Comercio y Trabajos Públicos). Se prorrogan las facultades extraordinarias del Poder Ejecutivo, en caso de nueva invasión filibustera; se establece que la elección de vicepresidente debe ser directa por el pueblo; se ordena la reorganización de la enseñanza primaria. Se firma un tratado de amistad y comercio entre los gobiernos de El Salvador y de México. *Abril:* Los gobiernos de El Salvador, Nicaragua y Costa Rica firman un tratado de paz, amistad y alianza. *Mayo:* El Poder Ejecutivo establece una escuela o academia militar en la capital del Estado. *Junio:* el presidente en turno, Miguel Santín del Castillo, renuncia a su cargo, por motivos de salud; Gerardo Barrios asume el poder. Barrios traslada el gobierno de la república a la antigua San Salvador. *Agosto:* Reaparece el cólera morbus. Se funda en San Salvador una escuela normal. Se

Coexisten dos poderes ejecutivos: el de Félix Zuloaga, apoyado por los conservadores, y el de Benito Juárez, por los liberales. Inicio de la guerra de Reforma. Tratos norteamericanos con el gobierno conservador para obtener derechos de tránsito a través del istmo de Tehuantepec. Santos Degollado es nombrado jefe de las fuerzas del norte y occidente. Juárez declara irredimibles los bienes de manos muertas. Se proclama en Ayotla, Veracruz, el Plan de Navidad, en el que se desconoce a Zuloaga y se apoya a Miguel Miramón como presidente del país.

El Salvador

México

instala en San Salvador la Corte Suprema de Justicia. *Septiembre:* Se funda el Colegio Tridentino en la Nueva San Salvador. Santín reasume la presidencia.

1859

Enero: Entran en conflicto Santín y Barrios; queda en el poder el vicepresidente Joaquín E. Guzmán. Se resuelve que la ciudad de San Salvador sea nuevamente la capital de la república. *Marzo:* Se deposita el Poder Ejecutivo en manos de Gerardo Barrios y en enero de 1860 es nombrado formalmente por la asamblea legislativa. *Mayo:* Se registran movimientos revolucionarios en Sonsonate. *Junio:* Se decreta la reorganización del ejército y se crean tres divisiones. *Octubre:* Se ordena la acuñación de monedas de oro y plata de igual ley y peso que las de Guatemala y el uso forzoso de las mismas. *Diciembre:* Se registra un fuerte temblor que afecta prácticamente a todas las poblaciones de la república. El presidente Barrios separa constitucionalmente la Iglesia del Estado. Favorece el traslado de tierras públicas a nuevos cafetaleros a condición de que planten efectivamente buena cantidad de cafetos.

Conforme al Plan de Navidad Miramón es designado presidente; posteriormente renuncia al cargo y Zuloaga vuelve a ocuparlo. Regreso de Miramón a la presidencia. Promulgación de las Leyes de Reforma basadas en la separación entre Iglesia y Estado; nacionalización de los bienes eclesiásticos, instauración del matrimonio civil y secularización de los cementerios. Retiro de la representación de México en la Santa Sede. Se firma en Veracruz el tratado Mc Lane-Ocampo, por el que el gobierno liberal mexicano concedía a los norteamericanos el derecho de libre tránsito por el istmo de Tehuantepec y otras zonas; al no ser ratificado por Washington, queda sin efecto.

1860

Febrero: Se dispone que el gobierno debe establecer el Cabildo Eclesiástico. La villa de Usulután obtiene el título de ciudad. *Junio:* El obispo de San Salvador hace llegar una protesta por el decreto de febrero. *Agosto:* El

La ciudad de México continúa bajo el dominio de los conservadores con Miramón como presidente. Batalla de Calpulalpan; triunfo del partido liberal. Se expide la ley de libertad de cultos.

El Salvador

México

chapulín invade nuevamente varios departamentos. *Septiembre:* Se registran temblores de consideración en el puerto de La Unión. *Noviembre:* Se producen temblores en San Salvador. Se dicta el Código Civil. A partir de este año y hasta 1880 se impulsa el cultivo del café. Los cafetos de alrededor de Santa Tecla aumentan de 207 000, en 1861, a 380 000 en 1880. La producción de añil salvadoreño sobrepasa en más del doble la que alcanzaba toda la región centroamericana en 1793.

1861

Febrero: Se reinaugura el edificio de la Universidad Nacional y el Colegio de La Asunción ocupa nuevamente su antigua construcción. *Abril:* Varios sacerdotes en calidad de asilados encabezan disturbios revolucionarios en San Salvador contra el presidente Barrios. *Agosto:* Se dice que la exportación de azúcar en pilón, moscabado y panda quedan libres de impuestos. *Septiembre:* Durante todo este mes y parte del siguiente se producen múltiples divergencias entre la Iglesia y el Estado. *Octubre:* Se decreta ordenando que todo párroco proteste juramento, en un lapso de 30 días, a la Constitución y las Leyes Patrias. *Noviembre:* Debido al decreto de octubre, los enfrentamientos entre la Iglesia y el Estado se recrudecen; sólo unos cuantos sacerdotes se presentan al juramento y los que no lo hacen son expulsados; el obispo de San Salvador se niega a hacerlo y logra huir. Se re-

Entrada triunfal de Juárez a la ciudad de México. Destierro de eclesiásticos y reacción armada de los conservadores. Francisco Zarco, ministro de Relaciones de Juárez, comunica a Juan N. Almonte el desconocimiento de todos los actos celebrados por él con España. Decreto del ejecutivo por el que se secularizan los hospitales y demás establecimientos de beneficencia. José Manuel Hidalgo, Juan N. Almonte y José María Gutiérrez de Estrada inician gestiones en Francia para el establecimiento de una monarquía en México, encabezada por Maximiliano de Habsburgo. Se crea la Dirección de Fondos de Instrucción Pública con el fin de extender la enseñanza a todos los grupos sociales. Reconocimiento internacional del gobierno de Juárez. Suspensión del pago de la deuda pública exterior debido a la difícil situación económica.

El Salvador

México

parten gratuitamente almácigos y se exoneran del servicio militar obligatorio a los productores y trabajadores de los cafetos.

Ley de amnistía decretada por Juárez que exceptúa a Zuloaga y a Márquez, entre otros jefes conservadores. El Congreso concede a Juárez facultades extraordinarias, como la de poder celebrar tratados con las naciones extranjeras. Llegan a Veracruz las escuadras de Francia, Inglaterra y España para exigir el pago de la deuda.

1862

Enero: Se produce una conspiración contra el presidente, encabezada por Francisco Dueñas. *Febrero:* Se concede el título de ciudad a las villas de Izalco, Ahuachapán y Metapán. Se reorganiza la Corte Suprema, estableciendo tres cámaras. *Marzo:* el Papa Pío IX acepta que los clérigos presenten juramento al gobierno salvadoreño. *Abril:* Se firma el concordato entre El Salvador y La Santa Sede. *Julio:* Los gobiernos de El Salvador y Nicaragua firman el Tratado de San Miguel Pora, para la reorganización nacional de la república de Centroamérica; acuerdan invitar a Honduras al proyecto. Se dicta un reglamento sobre el cultivo y venta de tabaco como producto estancado. *Noviembre:* El gobierno de Guatemala rompe relaciones con el de El Salvador, por varias razones, entre ellas: problemas de emigrados políticos de ambos países y desacuerdo con la organización de la república centroamericana. Se inaugura en San Salvador el alumbrado público de petróleo. *Diciembre:* Se registra un temblor en

Se fortalece entre los conservadores la idea de restauración monáquica. Se promulga la ley para castigar los delitos contra la nación, el orden, la paz pública y las garantías individuales. Decreto que suprime todos los cabildos eclesiásticos, con excepción del de Guadalajara. Primeras influencias del socialismo utópico y del anarquismo. Formación de organizaciones de tipo sindical y estallido de huelgas fabriles. Mediante los Tratados de la Soledad los ingleses y españoles evacúan México. Las tropas francesas inician la invasión.

El Salvador   **México**

San Salvador y en otras ciudades, causando algunos daños.

1863

Febrero: Los guatemaltecos invaden el territorio pero son detenidos por los salvadoreños. Sensuntepeque desconoce a Barrios como presidente y proclama en este cargo a Francisco Dueñas. En los meses siguientes otras ciudades proceden de igual forma. *Abril:* Fuerzas guatemaltecas invaden nuevamente El Salvador. *Junio:* Se efectúan nuevos avances guatemaltecos; Barrios se repliega a San Salvador. *Septiembre:* Francisco Dueñas organiza su gobierno en Santa Tecla. Fuerzas guatemaltecas-nicaragüenses ponen sitio a San Salvador. *Octubre:* Barrios rompe el sitio dé la capital y sale al exilio; la plaza es ocupada por las fuerzas invasoras que la entregan a Francisco Dueñas.

El Congreso concede al presidente Juárez facultades omnímodas por todo el periodo que dure la ocupación francesa. Tras el asedio y caída de la ciudad de México en poder de las tropas intervencionistas, Juárez marcha con su gabinete rumbo al norte del país.

1864

Marzo: Se emite la tercera Constitución Política de la República. En ésta se conserva la división de los poderes Legislativo, Ejecutivo y Judicial y se establece que el periodo presidencial será de cuatro años. *Abril:* Se organizan las escuelas públicas en todos los departamentos y se nombran en cada una las juntas de instrucción pública.

En Francia, el cuerpo legislativo censura la intervención en México. Para el mes de febrero, el ejército francés ocupa las principales poblaciones de la República Mexicana. Maximiliano recibe en Bruselas las actas en que, según partidarios del Imperio, la nación mexicana lo postulaba para emperador. El secretario de Estado norteamericano, William H. Seward, envía al representante estadunidense en París, William L. Dayton, copia de la resolución por la que la Cámara de Representantes se opone al reconomiento de la monarquía en México.

209

El Salvador

México

Maximiliano acepta la corona de México. Firma de los Tratados de Miramar. Intento de Napoleón III de debilitar el poderío norteamericano a través del apoyo a la causa de los confederados durante la guerra de Secesión. El ejécito francés continúa avanzando hacia el norte. Llegan a Veracruz Maximiliano y Carlota. Dos semanas después, entran a la capital. Maximiliano emprende un viaje al interior del país. En Dolores, Guanajuato, vitorea al cura Hidalgo, con escándalo de los conservadores. En las Higueras, Sinaloa, guerrillas mexicanas baten con éxito a una columna de argelinos. El buque de guerra francés *Rhine* se abastece de víveres y engancha "voluntarios" en el puerto de San Francisco, California, para el asedio y desembarco en los puertos mexicanos del Pacífico. Con el pretexto de hacer respetar su "neutralidad" en la guerra contra Francia, el gobierno norteamericano embarga un cargamento de armas adquirido por agentes mexicanos en la Unión Americana. Transporte, por el istmo de Panamá, bajo la protección de la marina y el ejército norteamericanos, de tropas frnacesas que intentan invadir costas mexicanas en el Pacífico. Encuentros de armas favorables a los mexicanos en San Pedro y en los Veranos, Sinaloa.

1865

Enero: El gobierno suspende relaciones con el costarricense, ya que éste

Se instala el gobierno republicano en Paso del Norte, hoy Ciudad Juárez,

El Salvador

dio asilo al general Barrios. Se declara electo a Francisco Dueñas. El departamento de San Salvador se divide en dos para crear el departamento de La Libertad y el distrito de San Salvador. *Febrero:* Se emite un decreto legislativo que ordena construir el palacio nacional en la capital. *Abril:* Se establece el escudo y los colores del pabellón nacional. *Junio:* Se divide el departamento de San Miguel en tres: San Miguel, La Unión y Usulután. Barrios emprende una nueva campaña contra el gobierno que no logra prosperar y es detenido en Corinto, Nicaragua. *Julio:* Barrios es extraditado por Nicaragua a El Salvador, bajo garantías otorgadas por Dueñas y es fusilado al siguiente mes por decisión del consejo de guerra y del presidente de la república. *Agosto:* El pueblo se amotina y es reprimido.

México

Chihuahua. Continúan los enfrentamientos entre las tropas republicanas y las imperiales. Maximiliano restablece el derecho de las comunidades indígenas a poseer tierras.

1866

Febrero: Se decreta la formación del Colegio Militar. Se emite el Código Político Municipal, que reglamenta las atribuciones de los gobernadores departamentales, jefes de distrito, municipalidades y la administración e inversión de fondos municipales. *Agosto:* Se registran fuertes temblores en San Salvador. *Septiembre:* Se ordena la formación de instituciones de derecho patrio.

Napoleón comunica a Maximiliano la necesidad de fijar un término a la ocupación francesa. Llega a la capital de México un representante de Napoléon para arreglar con Maximiliano el retiro de las tropas francesas. Entre marzo y noviembre, en tanto que por un lado los mexicanos ganan terreno al vencer a las tropas intervencionistas, por otro, Bazaine acata órdenes de Napoleón y retira tropas del noreste, noroeste y centro de la República, con objeto de principiar la evacuación del ejército francés del país. Díaz recupera Oaxaca. El diario francés *Le*

211

El Salvador   **México**

Moniteur anuncia, para el mes de noviembre, el regreso a Francia de las tropas expedicionarias. El gobierno norteamericano impide la salida de refuerzos belgas y austriacos destinados a México. Juárez determina la creación del Cuerpo de Ejército de Occidente. Carlota sale de la ciudad de México rumbo a Veracruz y de ahí se embarca a Europa. Maximiliano se dirige a Orizaba. Llega François Castelnau, embajador de Napoleón, a la ciudad de México, con la misión de persuadir a Maximiliano para que abdique. Napoléon III anuncia el retiro total de las tropas francesas para la primavera de 1867. Maximiliano se entrevista con Márquez y Miramón en Orizaba; decreta la organización de un ejército mexicano, compuesto de tres cuerpos, al mando de Miramón, Márquez y Mejía. Seward comunica al comandante de las fuerzas norteamericanas en Brownsville, Texas, la prohibición de auxiliar y dar armas a cualquiera de las partes beligerantes en la guerra de México. Los Estados Unidos se apropian la zona de El Chamizal, primera reclamación de Juárez ante el gobierno de Johnson.

1867

Marzo: Fuerte temblor produce gran alarma en San Salvador. Se funda el Protomedicato. *Mayo:* Se organiza el Consejo de Instrucción, nombrando conciliarios en las facultades de Dere-

El Imperio fracasa. Maximiliano es ejecutado. Restauración de la República. Disolución de la Iglesia como corporación económica establecida. Se fortalece la burguesía

El Salvador

México

cho, Medicina, Teología y Ciencias y Letras. *Septiembre:* El gobierno reglamenta la posesión de armas. *Noviembre:* El gobierno acuerda declarar libre los derechos de importación de herrajes necesarios para el beneficio del café o la fábrica de carretes.

agraria al beneficiarse con la nacionalización de los bienes del clero. Ofensiva contra las comunidades indígenas por parte de la nueva clase propietaria. Por la Ley Martínez de Castro se hace obligatoria la enseñanza primaria y se da a ésta una orientación positivista. Juárez asume la presidencia y Sebastián Lerdo de Tejada ocupa la Suprema Corte de Justicia.

1868

Febrero: Se reforma la ley electoral. Se registran varios temblores en San Miguel y La Unión antecediendo a la erupción del volcán de Conchagua. *Marzo:* Los gobiernos de El Salvador y Nicaragua firman un tratado de amistad y comercio. *Mayo:* Se promulga el Reglamento de Policía Rural. *Junio:* Se decreta la exención del servicio militar y civil a los operarios de la industria añilera. *Septiembre:* Se establece la cátedra de Farmacia en la Universidad Nacional. Se decreta sellar la moneda lisa que debe circular por su valor nominal y de curso forzoso.

Con capital norteamericano se funda la primera compañía de petróleo en México: Compañía Explotadora del Golfo Mexicano "La Constancia", en Papantla, Veracruz. Primera ley de amnistía. Julio López Chávez encabeza el primer movimiento campesino de contenido socialista. Juárez adopta un sistema para establecer colonias agrícolas-militares en las zonas amenazadas por los indios bárbaros del país vecino del norte.

1869

Enero: Se establece la Facultad de Agrimensura en la Universidad Nacional y la Escuela de Música en la Academia de Bellas Artes. Se designa presidente a Francisco Dueñas. *Febrero:* Se erige el departamento de Ahuachapán. *Marzo:* Se registra fuerte temblor en San Salvador. *Abril:* Se mandan resellar las monedas "macuquinas" para que sean de circulación

Se expide la segunda ley de amnistía. Se publica *Observaciones sobre la influencia del comercio extranjero en la industria nacional y conveniencia de restringirlo,* de Manuel Orozco y Berra.

213

El Salvador

México

forzosa. Se produce una erupción del volcán de Izalco, lo que provoca otro temblor en San Salvador. *Junio:* Se dicta el reglamento a que deben estar sujetos los administradores de los terrenos de propios, la forma en que deben ser designados y la administración de fondos; al mismo tiempo se decreta libre la exportación de oro y plata acuñada. *Noviembre:* Se prohíbe a los administradores y socios de las comunidades exigir contribuciones voluntarias y forzosas a los arrendatarios de terrenos comunales, bajo la pena de diversas multas. Se hacen algunos contratos para la introducción de mano de obra china.

1870

Enero: Se inaugura el Palacio Nacional, al cual se trasladan las oficinas de gobierno. Se reforma el artículo 23 de la constitución, permitiendo la reelección del presidente por dos periodos, sin intervalos. *Febrero:* Se otorga el título de ciudad a la villa San Alejo. *Abril:* Se inaugura la primera línea telegráfica del país, entre la ciudad de San Salvador y el puerto La Libertad. *Julio:* Comienza a funcionar la Biblioteca Nacional Salvadoreña. *Septiembre:* Se inicia la construcción de vías telefónicas en todo el país. *Diciembre:* Las hostilidades entre Honduras y El Salvador, por los emigrados políticos de ambos países, dan lugar a que las fuerzas armadas hondureñas se sitúen en la frontera salvadoreña.

Expansión de las vías de comunicación. Ampliación del servicio telegráfico. Se intensifican las inversiones de capitales ingleses, norteamericanos y franceses.

El Salvador   **México**

1871

Marzo: El gobierno de Honduras declara la guerra a su homólogo salvadoreño y se inician las acciones bélicas con la invasión hondureña a El Salvador, sin mucho éxito para el agresor. Los departamentos de Santa Ana y Ahuachapán, encabezados por el general Santiago González, se pronuncian contra el presidente Dueñas. *Abril:* Las fuerzas salvadoreñas opositoras al gobierno toman los puertos La Libertad y La Unión. Los exiliados en Honduras regresan y el movimiento es apoyado por sus aliados guatemaltecos. Ante la ofensiva y el avance revolucionario, Francisco Dueñas se asila en la Legación Norteamericana, permitiendo la ocupación de San Salvador y el nombramiento como presidente provisional de Santiago González. La Legación entrega a Dueñas al gobierno provisional, posteriormente es expulsado del país. Comienza a generarse el proceso de reformas liberales que modifican la estructura de El Salvador. Santiago González decreta la libertad de prensa y con ello se promueve la publicación de varios periódicos. *Mayo:* El clero funda el periódico *La Verdad*. El presidente organiza la ofensiva contra las fuerzas hondureñas logrando su repliegue. *Junio:* González regresa a San Salvador luego que Céleo Arias queda como presidente en Honduras. *Julio:* Se instala en San Salvador la Asamblea Constituyente. *Octubre:* Se emite una nueva constitución política. En esta se establece,

Reelección de Juárez. Porfirio Díaz encabeza la rebelión de la Noria; sofocamiento de la misma.

215

El Salvador   **México**

entre otras cosas, el periodo presidencial de dos años, la no reelección, la posibilidad de que personas no nacidas en El Salvador puedan ser electas presidente; también establece la libertad de pensamiento, prensa y enseñanza y la tolerancia religiosa; se ordena el pase de la bula y se suprimen las inmunidades eclesiásticas y el fuero clerical. *Noviembre:* En la catedral de San Salvador fue consagrado el obispo José Luis Cárcamo y Rodríguez, en sustitución de Pineda y Saldaña.

1872

Agosto: Se registraron alzamientos populares dirigidos por clérigos en contra de las decisiones de secularización del Estado. El jefe de gobierno ordena la expulsión de todos los jesuitas del territorio nacional. Se establece el Banco Agrícola Comercial. El añil alcanza el precio más alto de su historia. Se crea la Escuela Normal de Varones. Se ordena la construcción de la primera línea férrea que unirá a Santa Tecla con la capital.

A la muerte de Juárez, Sebastían Lerdo de Tejada asume la presidencia interina. Se decreta el Código Penal condenatorio de toda reivindicación proletaria. Se funda el Gran Círculo de Obreros, que tiene el diario *El Socialista* como órgano de expresión.

1873

Febrero: Se registran una serie de temblores en San Salvador y otras poblaciones. *Marzo:* Un terremoto destruye el palacio nacional, la catedral, la Universidad Nacional y otros edificios. Por decreto gubernativo se manda reconstruir la capital en el mismo lugar. En este año se dio gran impulso a la instrucción popular, construyendo escuelas en distintas localidades urbanas y rurales; también se

Elección constitucional de Lerdo de Tejada. Las Leyes de Reforma son incorporadas a la Constitución. Se incrementan las vías de comunicación en el país. Se inaugura el ferrocarril de México a Veracruz.

El Salvador

México

promovió el cultivo de café distribu-
yendo gratuitamente pequeñas plantas del "grano de oro" entre los agricultores.

1874

Abril: Se suspende la organización de
la milicias, quedando la custodia de
los cuarteles en manos de veteranos.
Junio: Se ordena que los gobernadores de La Paz y San Vicente establezcan almácigos de café, de manera que
puedan distribuir cafetos a los finque-
ros cuyas tierras son idóneas para
ellos. La Hacienda Nacional anticipa
1 000 pesos para sufragar el costo de
la empresa. *Julio:* Se crean escuelas
de alfabetización en los principales
cuarteles. *Diciembre:* Se inauguran la
Universidad de Oriente con sede en
San Miguel y el telégrafo entre El Salvador y Guatemala.

Richard M. Coke, gobernador de Texas, ordena al "capitán" Refugio Be-
navides que invada suelo mexicano.
Segunda reclamación mexicana por la
apropiación de El Chamizal.

1875

Es deportado el obispo Cárcamo y
Rodríguez. Se funda la primera Escuela Normal de Señoritas, dirigida
por personal alemán y la primera Escuela de Artes y Oficios para Obreros.
Se organiza la Sociedad de Filarmóni-
cos; el Teatro Nacional abre sus puertas. Se levanta el mapa de la república, se organiza la estadística y el valor
de las exportaciones de café supera
por primera vez al del añil. En Izalco,
una rebelión impugna la venta de un
terreno ejidal.

Intento reeleccionista de Lerdo de
Tejada. Ley de Colonización para explotar terrenos baldíos. Rebelión
campesina de los indios yaquis co-
mandados por Cajeme.

1876

Febrero: Asume la presidencia
Andrés Valle. *Marzo:* El presidente

Levantamiento de José María Iglesias. Porfirio Díaz proclama el Plan de

217

El Salvador

México

de Guatemala, Justo Rufino Barrios, envía sus tropas a invadir el occidente salvadoreño. *Abril:* Son derrotados los salvadoreños en diferentes enfrentamientos y aceptan la capitulación propuesta por Justo R. Barrios. Se firma un tratado que implica el retiro de Valle y la convocatoria a una junta de notables para que elijan un presidente provisional aprobado por Barrios; tal nombramiento recae en Rafael Zaldívar. *Mayo:* Las fuerzas guatemaltecas evacuan El Salvador. *Junio:* Zaldívar asume la presidencia. Durante su gobierno se dictan varias de las reformas liberales más radicales. *Julio:* Se inaugura la línea ferroviaria entre Santa Tecla y San Salvador.

Tuxtepec, en el que se enarbola el principio de no reelección. Derrotas de Lerdo e Iglesias.

1877

Mayo: Regresan al país el obispo Cárcamo y Rodríguez y el general Francisco Dueñas. Se termina la línea telegráfica entre El Salvador y Honduras. Se registran conatos revolucionarios orientados a proclamar al general Francisco Menéndez como presidente. Se establece una escuela de agricultura en San Salvador. Entre este año y 1880 las exportaciones de café a California se duplican; de 5 381 sacos ascienden a 10 545. En el Departamento de Santa Ana la producción de café se triplica.

Primera presidencia de Porfirio Díaz; llega al poder el grupo tuxtepecano. En la fábrica de hilados de San Fernando, Tlalpan, estalla la primera huelga registrada durante el Porfiriato; se demandan aumentos salariales. Revuelta de Adalberto Santa Fe para pedir la entrega de las tierras de latifundistas a las comunidades campesinas. Díaz es reconocido por todo el cuerpo diplomático, excepto por el ministro de los Estados Unidos, John W. Foster. Díaz aprueba el proyecto para que México y Guatemala estudien la línea fronteriza entre ambos países.

1878

Abril: Se funda el primer cuerpo de

Después de largas negociaciones, el

218

El Salvador

México

bomberos. Se efectúa la unificación de la enseñanza, de la moneda y de la representación diplomática de los países de Centroamérica. *Agosto:* La educación popular recibe nuevos impulsos en todos los niveles. *Octubre:* Varias poblaciones son destruidas por un terremoto.

gobierno de Porfirio Díaz es reconocido por los Estados Unidos.

1879

Septiembre: Se estrena el segundo himno nacional de El Salvador. El presidente Zaldívar decide otorgar la plena propiedad de lotes ejidales o comunales a aquellos ocupantes que siembren cierta parte en café, cacao, agave, uva o caucho. Durante 1879 y 1880, el gobierno liberal efectúa encuestas sobre la utilización de las tierras y publica documentos con los resultados de las mismas; se busca respaldar la idea de que el desarrollo de la agricultura comercial se lograría únicamente si la tierra está en forma de propiedad privada. Comienza el proceso que culminará con la extinción de ejidos y tierras comunales. El descubrimiento de la isotina afecta la demanda del añil salvadoreño. El café supera al añil como la principal cosecha de exportación, representando el 48% de los ingresos totales del ramo de exportaciones.

Tropas norteamericanas avanzan hasta Janos, Chihuahua, "para conocer poblaciones", mientras que 600 soldados de la caballería de los Estados Unidos cruzan la frontera con Chihuahua "para perseguir apaches".

1880

Enero: Violentos sismos en varias regiones son el preludio de la aparición de la isla-volcán en el centro del Lago Ilopango. Se reforma la constitución suprimiendo lo referente a que cual-

Manuel González se hace cargo de la presidencia de la República.

El Salvador

México

quier centroamericano podía ser electo presidente y vicepresidente y con-
servando la alternabilidad en el poder
y el principio de no reelección. *Marzo:*
Decisión gubernamental que señala
la necesidad "imperiosa" de convertir
las tierras ejidales en propiedad privada. *Abril:* Se funda la Junta Central
de Agricultura. *Mayo:* Se erige un
monumento para guardar las cenizas
de Francisco Morazán y se construye
un mausoleo para los restos de Gerardo Barrios. *Agosto:* Se instala el Banco Internacional. Se establece la Facultad de Ciencias Políticas y Sociales
en la Universidad. Oficialmente se es-
tima que en el departamento de La libertad hay un total de casi 4 000 000
de cafetos plantados.

1881

Febrero: Se promulgan el Código Penal, la ley del matrimonio civil, la ley
hipotecaria, un nuevo Código Militar
y el Código de Minería. *Marzo:* Se
emite el decreto que extingue el sistema de tierras comunales. Se establecen contratos para la construcción de
varias líneas ferroviarias y para establecer una fábrica de hilados y tejidos
de algodón. Se crea el cargo de juez
rural, cuya tarea principal es obligar al
campesino a concurrir a las fincas de
café cuando las necesidades de producción así lo exijan y se establece la
Ley de Jornaleros. Se crea el Banco
Comercial.

Una compañía montada de los Estados Unidos se interna en México hasta la sierra de la Candelaria. Invasión
de tropas norteamericanas cerca de
Las Vacas, Coahuila, y en la frontera
de Sonora. Empiezan a ampliarse las
concesiones a inversionistas norteamericanos para construir sistemas de
ferrocarriles. Más de un millar de
operarios ferrocarrileros se lanzan a
la huelga para protestar contra los
malos tratos recibidos de los ingenie-
ros norteamericanos.

1882

Marzo: Se emite un decreto que extingue las tierras ejidales. *Junio:* Los pre-

Campaña contra los indios yaquis.
Tropas mexicanas apresan, en Janos,

El Salvador

México

sidentes de Guatemala y El Salvador realizan tratativas para restablecer la unidad centroamericana. *Septiembre:* Se extiende el plazo de expedir títulos de propiedad de tierras ejidales. *Octubre:* Se pone en servicio un cable submarino y se manda levantar el censo de la república. Con capital salvadoreño, se inaugura el primer ferrocarril entre Sonsonate y Acajutla.

Chihuahua, al teniente Mc Donald, que había invadido territorio mexicano. También en Janos, el general Bernardo Reyes desarma y devuelve a su país a soldados norteamericanos invasores. El presidente Manuel González acepta el convenio con los Estados Unidos para permitir paso recíproco de tropas por la frontera, por violaciones a ella. Los Estados Unidos inician la "conquista pacífica", exportaciones de capital y cese de invasiones militares.

1883

Febrero: Se otorga validez a los títulos extendidos por las alcaldías. Se sanciona la primera ley monetaria. Se introduce el sistema decimal para la moneda. Se decreta la ley de extinción de ejidos municipales. *Abril:* Una asonada, dirigida entre otras por el general Francisco Menéndez es sofocada por las fuerzas leales al presidente. *Agosto:* Se contratan trabajadores alemanes para que se establezcan al pie del volcán de San Salvador y realicen labores en las fincas. Zaldívar prepara su reelección y consigue el apoyo de J. Rufino Barrios. *Diciembre:* Se reforma el artículo 78 constitucional, que prohibía la reelección. Asimismo, se proclama el principio de libertad de cultos. Se funda el Museo Nacional (hoy llamado David J. Guzmán).

Impulso a los ferrocarriles mediante concesiones a Inglaterra y a los Estados Unidos, principalmente. Decreto sobre colonización y compañías deslindadoras que da cauce al acaparamiento de la tierra. Se intensifica el despojo a comunidades indígenas. El gobierno mexicano niega a los Estados Unidos el permiso para crear en Bahía Magdalena una estación carbonera que aprovisione a su escuadra del Pacífico.

1884

Enero: El ministro de Justicia decreta la ley de desocupación de las fincas arrendadas. *Febrero:* Zaldívar asume

Primera reelección de Díaz. Se expide una Ley de Minería sobre exploración y explotación de minerales.

El Salvador

México

nuevamente la presidencia. *Marzo:* Se conceden tres meses más para extender títulos sobre terrenos ejidales. Acontecen revueltas en Atiquizaya, Izalco y Santiago Nonualco; son reprimidas y se encarcela al cabecilla Francisco Menéndez. El Poder Ejecutivo celebra varios contratos, uno de ellos es el de instalación de una fábrica para la explotación industrial del vidrio. Se crea la Oficina del Registro de la Propiedad Raíz e Hipotecas y la Policía Rural.

1885

Febrero: Justo Rufino Barrios declara unilateralmente la nacionalidad centroamericana. *Marzo:* Rafael Zaldívar desaprueba la decisión unilateral, rompe con él y busca el apoyo de los presidentes centroamericanos, consiguiendo los de Nicaragua y Costa Rica. El ejército de Guatemala invade El Salvador. *Abril:* Desarrollo de las hostilidades entre las fuerzas coaligadas guatemaltecas-hondureñas y las salvadoreñas; en la batalla de Chalchuapa muere Barrios. Se firma la paz. *Mayo:* En Guatemala, algunos asilados salvadoreños, encabezados por Francisco Menéndez y Estanislao Pérez, preparan una revolución contra el presidente Zaldívar. Los revolucionarios penetran al territorio, lanzan un plan para desconocer la constitución vigente, nombran presidente provisional a Menéndez y llaman a la formación de la Asamblea Constituyente. Los revolucionarios avanzan por el país. *Junio:* Entra

Consolidación de la dictadura. Impulso a la inversión extranjera, principalmente norteamericana, inglesa y francesa. Represión en el campo. Fortalecimiento del latifundismo laico. Auge del comercio. Surgimiento de una política centralizada.

El Salvador   **México**

Menéndez triunfante a San Salvador. *Julio:* El presidente provisional decreta la libertad de prensa. *Agosto:* Por decreto gubernativo se adopta el sistema métrico decimal de pesas y medidas. Se funda la Escuela Nacional de Artes y Oficios. *Septiembre:* Se establece la Asamblea Constituyente con representantes liberales y conservadores que no logran llegar a acuerdos. *Noviembre:* Menéndez decide disolver la asamblea. Son suprimidas de la Universidad la facultad de Teología y la de Ciencias y Letras. Se crea el banco salvadoreño, que funciona con el nombre de Banco Particular de El Salvador hasta 1891. Una compañía británica, Salvador Railway Company, recibe la concesión para la construcción de un ferrocarril que vinculará a las principales zonas cafetaleras con el puerto de Acajutla.

1886

Enero: Representantes de Nicaragua y de El Salvador firman un acuerdo de paz. *Junio:* Se decreta una constitución política que rompe definitivamente con los remanentes de la influencia conservadora y se cristalizan los propósitos liberales, lo cual se mantiene vigente hasta 1944. Se funda, la primera escuela nocturna para artesanos. Se reducen a tres los ministerios gubernamentales: Gobernación, Instrucción Pública, Fomento y Beneficencia; Relaciones Exteriores, Justicia y Cultos; y Hacienda, Crédito Público, Guerra y Marina.

223

El Salvador	México

1887

Enero: Francisco Menéndez es electo presidente. *Septiembre:* Los zaldivaristas toman el puerto de La Unión, pero éste es recuperado rápidamente por las fuerzas leales al gobierno. Se decide cambiarle el nombre al departamento de Gotera, poniéndole Morazán como homenaje al héroe. El sacerdote Antonio Adolfo Pérez y Aguilar es nombrado obispo.

Díaz firma 100 contratos con extranjeros, principalmente norteamericanos y británicos, para la explotación y beneficio de yacimientos de diversos minerales.

1888

Enero: Se funda la Escuela Politécnica. *Marzo:* Se abre la Biblioteca Nacional. Se funda la Academia de Ciencias y Bellas Artes. Se efectúa una exposición de artículos industriales, pequeños inventos y productos regionales con el fin de estimular estos ramos. Son instalados los teléfonos. Se invierte capital inglés en la compra de la mina Divisadero Gold and Silver Minning Co. Ltd.

Segunda reelección de Díaz. Estabilidad y auge económico del país.

1889

Septiembre: Se reúne en San Salvador la Dieta Centroamericana. *Octubre:* Se firma el pacto provisional para la unión centroamericana. *Noviembre:* Debido a un importante incendio del palacio nacional y del archivo, se pierden importantes documentos. Se crea la Policía Montada. Se producen revueltas campesinas en la zona oeste del país a propósito de las leyes de extinción. Se decretan leyes contra la vagancia. Se impulsan los servicios telefónicos, de carreteras y ferrocarriles. A partir de este año co-

El Salvador   **México**

mienzan una serie de transacciones financieras, en torno a los empréstitos europeos que no terminarán sino hasta 1922. El Salvador solicita a los ingleses un préstamo para la construcción de ferrocarriles. Se forma la empresa Central American Public Work Company para su construcción.

1890

Mayo: El presidente convoca a una junta que pretende unificar criterios sobre el candidato idóneo para la presidencia. *Junio:* El general Carlos Ezeta, haciéndose eco del descontento político de algunos sectores, se proclama presidente. El general Menéndez muere ese mismo día. Se inicia un gobierno de carácter oligárquico. La mayor parte de los miembros del gabinete gubernamental renuncia a sus puestos; asimismo, algunos militares. El gobierno de Guatemala no acepta reconocer a Ezeta y se desencadena una guerra entre ambos países, que finaliza en agosto.

El artículo 78 constitucional es enmendado para permitir la reelección indefinida del presidente de la República.

1892

Tercera reelección de Díaz. Impulso ferrocarrilero para hacer más dinámico el intercambio mercantil y lograr el control político del país. Represión sangrienta de la rebelión de los mayos. Sublevación del pueblo de Tomóchic, finalmente arrasada por el ejército. Organización del sistema bancario nacional. Se pone en práctí-

El Salvador	México

ca el Código Minero liberal de Díaz para atraer capital extranjero.

1893

José Ives Limantour es nombrado secretario de Hacienda. Se inicia el saneamiento de las finanzas y se mejora el crédito nacional.

1894

Ley sobre Ocupación y Enajenación de Terrenos Baldíos.

1895

Arreglo final sobre el tratado de límites entre Guatemala y México.

1896

Cuarta reelección de Díaz. Se incrementa la industria. Quedan formalmente abolidas las alcabalas en todo el país, lo que favorece el desarrollo capitalista. La prensa aumenta considerablemente sus tirajes.

1897

Se decreta que los bancos extranjeros en México quedarán exentos de todo impuesto por 25 años.

1898

México y los Estados Unidos celebran un tratado de extradición.

1900

Los hermanos Ricardo y Jesús Flores Magón fundan el periódico *Regeneración*. Organización del Club Liberal "Ponciano Arriaga" en San Luis Potosí. Quinta reelección de Porfirio Díaz.

Bibliografía

Academia de Geografía e Historia de Costa Rica, *Centro América en las vísperas de la independencia*, San José, Imprenta Trejo Hermanos, 1971, 457 pp.

Anderson, Thomas, *El Salvador 1932*, Costa Rica, Universitaria Centroamericana, 1982.

Arias Gómez, Jorge, "Anastasio Aquino, recuerdo, valoración y presencia", *La Universidad*, s.e., enero-junio, 1964, año LXXXIX.

Arce, Manuel José, *Memoria*, San Salvador, Editorial Ahora, 1947, 224 pp.

Baily, J., *Central America: describing each of the States of Guatemala, Honduras, El Salvador, Nicaragua and Costa Rica*, Londres, s.e., 1850.

Barberena, Santiago I., *Descripción geográfica y estadística de la República del Salvador*, San Salvador, s.e., 1982, 114 pp.

Barberena, Santiago I., *Historia de El Salvador*, 2a. ed., San Salvador, Ministerio de Educación, Dirección General de Publicaciones, 1966 (Colección Historia, vol. 11.)

Barón Castro, Rodolfo, *José Matías Delgado y el movimiento insurgente de 1811*, San Salvador, Ministerio de Educación, Dirección General de Publicaciones, 1962, 239 pp. (Biblioteca José Matías Delgado, 3.)

Barón Castro, Rodolfo, *La población de El Salvador; estudio acerca de su desenvolvimiento desde la época prehispánica hasta nuestros días,* Madrid, Consejo Superior de Investigaciones Científicas, 1942, 644 pp.

Browning, David, *El Salvador: la tierra y el hombre*, El Salvador, Ministerio de Educación, 1975, 525 pp.

Cabezas Castillo, G., "Características del sistema comercial bancario de El Salvador", *La Universidad*, San Salvador, s.e., núm. 4, 1970. pp. 33-88.

Cardenal, Rodolfo, *El poder eclesiástico en El Salvador 1871-1931*, San Salvador, Universidad Centroamericana José Simeón Cañas, 1970, 341 pp.

Cardoso, Ciro F.S., *Centroamérica y la economía occidental (1520-1930)*, San José, Costa Rica, Editorial Universidad de Costa Rica 1977, 383 pp ils.

Ceballos, José Antonio, *Recuerdos Salvadoreños*, 2a. ed., San Salvador, Ministerio de Educación, 1961 (Colección Historia, 5.)

Cortés y Larraz, Pedro, *Descripción geográfico-moral de la diócesis de Goathemala*, pról. Lic. don Adrián Recinos, Guatemala, s.e., junio, 1958. t.1, 302 pp. (Biblioteca "Goathemala" de la Sociedad de Geografía e Historia de Guatemala, volumen XX.)

Cuenca, Abel, *El Salvador, una democracia cafetalera*, México, ARR-Centro Editorial, 1962, 175 pp. (Colección Documentos 1.)

Chamorro, Pedro Joaquín, *Historia de la Federación de la América Central, 1823-1840*, Madrid, Ediciones Cultura Hispánica, 1957, 644 pp.

Dalton, Roque, *El Salvador*, La Habana, Casa de las Américas, Centro de Documentación Juan F. Noyola, 1963, 49 pp., mapas, ils. (Colección Nuestros Países.)

Dalton, Roque, *Miguel Mármol; los sucesos de 1932 en El Salvador*, San José, Costa Rica, Universidad Centroamericana, 1972, 564 pp. (Colección Seis.)

Dirección General de Estadística, *Diccionario geográfico de la República de El Salvador*, San Salvador, Imprenta Nacional, 1940, 360 pp.

Domínguez Sosa, Julio A., *Ensayo histórico sobre las tribus nonualcas y su caudillo Anastasio Aquino*, San Salvador, El Salvador, Ministerio de Educación, Dirección General de Publicaciones, 1962, 202 pp.

Durán, Miguel Ángel, *Ausencia y presencia de José Matías Delgado en el proceso emancipador*, San Salvador, Tipografía Guadalupe, 1961, 385 pp., ils.

Escobar, Jorge, "El añil en la economía de El Salvador", *Economía salvadoreña*, El Salvador, Instituto de Estudios Económicos Universidad de El Salvador, Año XI, núm. 21, 1965, pp. 23-26.

Estudios históricos, San Salvador, El Salvador, Nacional, 1941, 344 pp.

Feldman, Miguel, *El Siglo XVIII*, Buenos Aires, Editorial Kapelusz, 1972, 80 pp. (Serie Historia Universal, 22.)

Fernández, León, *Documentos relativos a los movimientos de independencia en el Reino de Guatemala*, s.l., s.e., 1929, 121 pp.

Figeac, José F., *Recordatorio histórico de la República de El Salvador*, San Salvador, Talleres Gráficos Cisneros, 1938, 499 pp.

Flemion, Philip F., "States Rights and Partisan Politics: Manuel José Arce and the Struggle for Central American Unión", *Hispanic American Historical Review*, vol., 13, núm. 4, noviembre 1973, pp. 600-618.

Flores Macal, Mario, "El movimiento sindical salvadoreño; características principales", *Anuario de Estudios Centroamericanos*, San José, Universidad de Costa Rica, núm. 5, 1980, pp. 17-24.

Flores Macal, Mario, "Historia de la Universidad de El Salvador", *Anuario de Estudios Centroamericanos*, San José, Universidad de Costa Rica, núm. 2, 1976, pp. 107-140.

Flores Macal, Mario, "La hacienda colonial en El Salvador, sus orígenes", *Estudios Sociales Centroamericanos*, San José, núm. 25, enero-abril, 1980, pp. 335-382.

Flores Macal, Mario, *Origen, desarrollo y crisis de las formas de dominación en El Salvador*, pról. Edelberto Torres Espinoza, San José, Secasa, 1983, 137 pp.

Florescano, Enrique (comp.), *Ensayos sobre el desarrollo económico de México y América Latina (1500-1975)*, México, FCE, 1979, 438 pp.

Fonseca, Pedro S., *Curso de geografía del Estado de El Salvador, Centro América*, 2a. ed., San Salvador, Imprenta Rafael Reyes, 1921, 151 pp.

Fonseca, Pedro S., *Prontuario geográfico y estadístico de la República de El Salvador*, San Salvador, Imprenta Nacional, 1915, 166 pp.

Fuentes Mohr, Alberto, *La creación de un mercado común; apuntes históricos sobre la experiencia de Centroamérica*, Buenos Aires, INTAL/BID., 1973, 270 pp.

Gallardo, Ricardo, *Las Constituciones de El Salvador*, pról. de Manuel Fraga Iribarne, Madrid, Cultura Hispana, 1961, 2 vols. (Las Constituciones Hispanoamericanas, 14.)

García, Miguel Ángel, *Diccionario histórico enciclopédico de la República de El Salvador*, Procesos por infidencia contra los próceres salvadoreños de la independencia de Centroamérica desde 1811 hasta 1818, San Salvador, Imprenta Nacional, 1940.

García Laguardia, Jorge M., *Orígenes de la democracia constitucional en Centroamérica*, San José, Costa Rica, EDUCA, 1971, 351 pp.

Gavidia, Francisco, *Historia moderna de El Salvador*, San Salvador, Ministerio de Cultura, 1958, 494 pp.

Guido Béjar, Rafael, *El ascenso del militarismo en El Salvador*, San Salvador, UCA Editores, 1980, 168 pp.

Gutiérrez y Ulloa, Antonio, *Estado General de la Provincia de San Salvador; reyno de Guatemala (año de 1807)*, 2a. ed., San Salvador, Ministerio de Educación, Dirección General de Publicaciones, 1962, 145 pp. (Colección Historia, 9.)

Haefkens, Jacobo, *Viaje a Guatemala y Centroamérica*, Guatemala, Editorial Universitaria, 1969, 324 pp. (Sociedad de Geografía e Historia de Guatemala.)

Halle, Louis Joseph, *Transcaribbean: a Travel Book of Guatemala, El Salvador, British Honduras*, Nueva York, Longmans Green, 1936, 311 pp., ils.

Instituto de Estudios Políticos para América Latina y África, *El Salvador y su historia*, Madrid, s.e., 1980, 150 pp. (Con la lucha del pueblo Salvadoreño, 3.)

Jiménez, Liliam, *El Salvador; sus problemas socio-económicos*, La Habana, Casa de las Américas, 1980, 236 pp. (Colección Nuestros Países, Serie Estudios.)

Juarros, Domingo, *Compendio de la historia de la ciudad de Guatemala*, 2a. ed., Guatemala, s.e., 1857.

Karnes, Thomas, *The Failure of Union: Central America 1824-1960*, Chapel Hill, The University of Carolina Press, 1961.

Larde y Larín, Jorge, *Guía histórica de El Salvador*, 2a. ed., San Salvador, C.A., Ministerio de Cultura, Departamento Editorial, 1958, 170 pp. (Biblioteca Popular, vol. 22.)

Lardé y Larín, Jorge, *José Simeón Cañas*, San Salvador Departamento Editorial, Ministerio de Cultura, 1956, pp. (Colección Histórica, vol. I.)

Lardé y Larín, Jorge, *El Salvador; historia de sus pueblos, villas y ciudades*, San Salvador, El Salvador, C.A., Ministerio de Cultura, Departamento Editorial, 1957, 571 pp. (Colección Historia, vol.3.)

Lascaris, Constantino, *Historia de las ideas en Centroamérica*, San José, Costa Rica, EDUCA, s.f., 485 pp.

López Jiménez, Ramón, *José Cecilio del Valle, Fouché de Centroamérica*, Guatemala, Editorial José de Pineda Ibarra, 1968, 405 pp. (Colección documentos, núm. 29.)

López Jiménez, Ramón, *José Matías Delgado y de León, su personalidad, su obra y su destino; ensayo histórico*, San Salvador, Ministerio de Educación, 1962, 301 pp.

López Vallecillos, Italo, *Gerardo Barrios y su tiempo*, San Salvador, Ministerio de Educación, Dirección General de Publicaciones, 1967, 2 vols, contienen bibliografías.

López Vallecillos, Italo, *El periodismo en El Salvador: bosquejo histórico documental*, San Salvador, Editorial Universitaria, 1964, 478 pp. retrat. ils.

Luna, David Alejandro, *Manual de historia económica de El Salvador*, El Salvador, Universitaria, 1971, 230 pp. (Colección El Tiempo.)

Mac Leod, Murdo, *Spanish Central America, A Socioeconomic History 1520-1720*, California, University of California Press, 1973, 554 pp.

Marure, Alejandro, *Bosquejo histórico de las revoluciones de Centroamérica*, Editorial del Ministerio de Educación Pública, Guatemala, 1960, 2 vols., 406 pp.

Marroquín, Alejandro D., *Apreciación sociológica de la independencia salva-*

doreña, San Salvador, Instituto de Investigaciones Económicas, Facultad de Ciencias Económicas, Universidad de El Salvador, 1964, 108 pp.

Marroquín, Alejandro D., *San Pedro Nonualco, una investigación sociológica*, San Salvador, Editorial Universitaria, 1964. 336 pp.

Meléndez Chaverry, Carlos, comp., *Próceres de la independencia centroamericana*, San José, Costa Rica, EDUCA, 1971, 394 pp.

Meléndez Chaverry, Carlos, comp., *Textos fundamentales de la independencia centroamericana*, San José, Costa Rica, EDUCA, 1971, 424 pp.

Menjívar, Rafael, *Acumulación originaria y desarrollo del capitalismo en El Salvador*, San José, Costa Rica, EDUCA, 1980, 169 pp. (Colección Debate/EDUCA.)

Menjívar, Rafael, *Formas de tenencia de la tierra y algunos otros aspectos de la actividad agropecuaria*, San Salvador, Editorial Universitaria, 1962, 86 pp, ils. (Universidad de El Salvador, Facultad de Economía, Instituto de Estudios Económicos, monografía núm. 1.)

Menjívar, Rafael, Guido Béjar, Rafael, *El Salvador de 1840 a 1935, estudiado y analizado por los extranjeros*, San Salvador, UCA Editores, 1978, 269 pp. (Colección Estructuras y Procesos.)

Mestas, Alberto de, *El Salvador; país de lagos y volcanes*, Madrid, Cultura Hispánica, 1950, 672 pp., ils. (Colección Pueblos Hispánicos, 2.)

Milla y Vidaure, José, *Historia de la América Central, desde el descubrimiento del país por los españoles (1502) hasta su independencia de la España (1821)*, Guatemala, Establecimiento tipográfico El Progreso, 1879 y 1882, 2 vols.

Monterrey, Francisco J., *Historia de El Salvador*, s.p.i.

Montes, Segundo, *El compadrazgo. Una estructura de poder en El Salvador*, San Salvador, UCA Editores, 1979, 408 pp.

Peccorini Letona, Francisco, *La voluntad del pueblo en la emancipación de El Salvador, un estudio sobre las relaciones del pueblo con los próceres en la independencia y la anexión a México*, El Salvador, Dirección de Cultura, Ministerio de Educación, 1972, 131 pp.

Pérez Brignoli, Héctor, *Breve historia de Centro América*, Madrid, Alianza Editorial, 1985. 169 pp. (Colección Alianza América, 7.)

Pérez Brignoli, Héctor, *De la sociedad colonial a la crisis de los años 30*, Tegucigalpa, Ed. Nuevo Continente, 1973, 598 pp.

Périgny, Maurice de, *Les cinq républiques de L'Amérique Centrale*, París, Pierre Roger et Cie, Editeurs, 1912, 259 pp.

Pinto Soria, J.C., *Centroamérica, de la Colonia al Estado nacional (1800-1840)*, Guatemala, Editorial Universitaria, 1986, 306 pp. (Colección Textos, núm. 16.)

Reyes, Rafael, *Nociones de historia del Salvador*, Barcelona, José Casamajó,

1910, 399 pp.

Richter, Ernesto, *Proceso de acumulación y dominación en la formación so-cio-política salvadoreña*, Costa Rica, 1976 (mimeo), 169 pp.

Rodríguez, Mario, *América Central*, México, Editorial Diana, 1967, 203 pp.

Rodríguez Beteta, Virgilio, *Ideologías de la independencia*, San José, Costa Rica, EDUCA, 1971, 265 pp.

Rubio Sánchez, Manuel, *Comercio terrestre de y entre provincias de Centroamérica*, Guatemala, Editorial del Ejército, 1973, 366 pp.

Salazar, Ramón A., *Manuel José Arce; hombre de la independencia*, Guatemala, Ministerio de Educación Pública, 1952, 118 pp.

Salazar, Valiente, Mario, *El Salvador 1930-1973 (Esbozo del proceso de desarrollo, primera parte)*, México, CELA, Facultad de Ciencias Políticas y Sociales, UNAM, s.f., 67 pp.

Salazar, Valiente, Mario, "El Salvador: crisis, dictadura y lucha... (1920-1980)", en *América Latina: historia de medio siglo*, 2, Siglo XXI, México, 1981, pp. 87-122.

Salazar Valiente, Mario, *Esbozo histórico de la dominación en El Salvador 1920-1974*, México, CELA, Facultad de Ciencias Políticas y Sociales, UNAM, s.f., 47 pp. (Serie Avances de Investigación, 17.)

Salazar Valiente, Mario, *Estado nacional y neocolonización en Centroamérica*, (mimeo) 30 pp.

San Salvador, Ministerio de Relaciones Exteriores e Instrucción Pública *Colección documentos importantes relativos a la República de El Salvador...*, San Salvador, Imprenta Nacional, 1921.

Seminario de historia contemporánea de Centroamérica, *El proceso político centroamericano*, ponencias de M. Salazar Valiente, D. Luna de Sola y J. Arias Gómez, San Salvador, Editorial Universitaria, 1964, 124 pp.

Solano y Pérez, Francisco de, *Tierra y sociedad en el reino de Guatemala*, Guatemala, Editorial Universitaria, 1977, 462 pp.

Torres Rivas, Edelberto, *et. al., Centroamérica: hoy*, México, Siglo XXI, 1976, 366 pp.

Torres Rivas, Edelberto, *Síntesis histórica del proceso político centroamericano*, Costa Rica, CSUCA, 1974. (Cuadernos de Ciencias Sociales.)

Townsend Ezcurra, Andrés, *Fundación de la república (Documentos y estudios en torno a la Asamblea Nacional Constituyente de Centroamérica)*, Guatemala, Editorial del Ministerio de Educación Pública, 1958.

Townsend Ezcurra, Andrés, *Las Provincias Unidas de Centroamérica; Fundación de la República*, San José, Costa Rica, s.e., 1973. (una ampliación considerable de su libro del mismo título publicado en 1958. Ralph Lee Woodward, Jr.)

Vidal, Manuel, *Nociones de historia de Centroamérica; especial para El Salva-*

dor, 9a. ed., San Salvador, El Salvador, Ministerio de Educación, Dirección General de Cultura, Dirección General de Publicaciones, 1970, 486 pp. (Colección Historia, 2.)

White, Alastair, *El Salvador*, San Salvador, UCA Editores, 1983, 317 pp. (Colección Estructuras y Procesos.)

Wilson, Everet Alan, *The Crisis of National Integration in El Salvador 1919-1935*, Stanford, Calif., Department of History, Stanford University, 1969, 286 pp.

Zavala, Silvio, *et. al.*, "América Contemporánea", *Historia de América* de Levene, Ricardo, Buenos Aires, W.M. Jackson, 1941, vol. XI.

Esta obra se terminó de imprimir
en el mes de enero de 1989
en los Talleres Gráficos Continental, S.A.
Calz. de Tlalpan No. 4620
México, D.F.

Se tiraron 3,000 ejemplares
más sobrantes para reposición

Esta ... se terminó de imprimir
en el mes de enero de 1993
en los Talleres Gráficos Continental, S.A.
Calz. de Tlalpan No. 4620
México, D.F.

La edición consta de 2,000 ejemplares
más sobrantes para reposición